Topos plus **Taschenbücher**
Band 314

W0465108

Michael Marsch

Komm, Schöpfer Geist

Heilung durch die Bibel

Topos plus Taschenbücher

Topos plus **Verlagsgemeinschaft**

Die Mitglieder der Verlagsgruppe Engagement:
Butzon & Bercker -Kevelaer | Don Bosco -München | Echter -Würzburg
Lahn-Verlag -Limburg | Matthias-Grünewald-Verlag -Mainz
Paulusverlag -Freiburg Schweiz | Friedrich Pustet -Regensburg
Styria -Graz Wien Köln | Tyrolia -Innsbruck Wien

verlags gruppe engagement

Die Deutsche Bibliothek - CIP-Einheitsaufnahme

Marsch, Michael
Komm, Schöpfer Geist : Heilung durch die Bibel /
Michael Marsch. - 1. Aufl. - Graz ; Wien ; Köln : Verl. Styria, 1999
(Topos plus Taschenbücher ; Bd. 314)
ISBN 3-222-12746-8 (Verl. Styria)
ISBN 3-7867-8314-4 (Topos plus)

© 1999 Verlag Styria, Graz-Wien-Köln
Kein Teil des Werkes darf in irgendeiner Form
(durch Fotografie, Mikrofilm oder ein anderes Verfahren)
ohne schriftliche Genehmigung des Verlages
reproduziert, vervielfältigt oder verbreitet werden.

Einband- und Reihengestaltung:
home.made designarbeit -Essen
Herstellung: Pustet, Regensburg
Printed in Germany

Topos plus - Bestellnummer: **3-7867-8314-4**

Inhaltsverzeichnis

VORWORT

Heute, wenn ihr seine Stimme hört

Immer mehr Autos sind heute mit elektronischen Navigationssystemen ausgerüstet. Hört man auf eine freundliche – wenn auch künstliche – Stimme, so wird man sicher von Ort zu Ort und sogar von Haus zu Haus geleitet – an allen Unfällen, Staus und Baustellen vorbei. Wie sicher man ankommt, hängt allerdings nach wie vor von der Konzentration des Fahrers auf den Verkehr ab. Es gibt Airbags für Kopf und Körper, aber eine eingebaute Antiunfallsicherung gibt es meines Wissens noch nicht. Im blinden Vertrauen auf seinen Bordcomputer ging ein Fahrer samt Fahrzeug mit Schwung baden, weil die Fähre, mit der er über einen Fluß setzen wollte, sich zufällig am anderen Ufer befand – das hatte der Computer nicht vorausberechnet.

Oder doch? Sollte es noch andere Leitsysteme geben als die elektronischen? Im modernen Hebräisch leitet sich das Wort für Steuerrad von einem biblischen Verb ab, das man sinngemäß mit „inneres Murmeln" übersetzen kann. Es ist eine leise innere Stimme, auf die zu hören dem jüdischen Volk vor dreitausend Jahren den Weg durch die Wüste ermöglicht hat. Ohne Gefahren war dieser Weg sicher nicht. Ihn zu bewältigen, hat vierzig Jahre gedauert. Aber durch das Hören auf die innere Stimme ist das Volk dort angekommen, wohin die Stimme es von Anfang an geleitet hat: in das Gelobte Land zum Berg Zion, wo Gott seine Wohnstatt unter den Menschen aufrichten wollte.

Es gab eine einzige Bedingung, daß dieser Weg durch die Wüste und durch alle Gefahren hindurch dorthin führte, wohin die Stimme wies, nämlich zum Haus Gottes auf dieser Erde. Der 95. Psalm, aus dem der Vers stammt: *„Heute – wenn ihr seine Stimme hört"*, sagt weiter: *„Verhärtet eure Herzen nicht!"* Wird das Herz hart, so versiegt die innere Quelle – und das Murmeln wird nicht mehr hörbar. Der Mensch bleibt allein – denn er bleibt allein auf seinen Verstand angewiesen. Auch der menschliche Verstand ist von Gott geschaffen. Aber der Verstand allein kann leicht in die Irre führen. Er kann vom rechten Weg abbringen, wie es das Volk Israel mehr als einmal auf seinem Wüstenweg erlebt hat.

In der Apostelgeschichte ist mehrmals vom „neuen Weg" die Rede. Was ist das für ein neuer Weg? Im Grunde nichts anderes als die Weiterführung des Wüstenweges des Volkes Israel zum Haus Gottes auf dem Zion. Aber dieser neue Weg führt in ein Haus aus „lebendigen Steinen": die Kirche. Ziel dieses Weges ist der Sohn Gottes, Jesus Christus. Der Weg also ist schon das Ziel, und das Ziel ist der Weg. Denn Jesus hat von sich selbst gesagt: *„Ich bin der Weg, die Wahrheit und das Leben"*. Dieser Weg hat eine klare Orientierung: Er führt immer zum Vater: *„Niemand kommt zum Vater außer durch mich"*, sagt Jesus weiter. Und die Wegweisung geschieht durch jenes „innere Murmeln", der Stimme des Herzens, die nur einen Namen hat: *„Die Liebe Gottes ist ausgegossen in unsere Herzen durch den Heiligen Geist, der uns geschenkt worden ist"* (Röm 5,5).

Der „neue Weg" ist die erste Selbstbezeichnung der Menschen, die Jesus nachfolgen – noch bevor in Antiochien der Spitzname *„christianoi"* aufkam für jene, die töricht genug waren, diesem Christus auf dem Weg zum Vater im Himmel zu folgen.

Das besagt einiges über die neue Qualität des neuen Weges. Erstens: Dieser Weg ist einzigartig durch die einzigartige Person dessen, der gleichzeitig der Weg und das Ziel ist: *„Es steigt niemand zum Himmel hinauf als der, der vom Himmel niedergestiegen ist: der Menschensohn"* (Joh 3,13).

Zweitens: Auch wenn dieser Weg der Nachfolge letztlich zum Himmel führt, nämlich in die Herrlichkeit des Vaters, so bleibt er doch über lange Strecken recht erdgebunden – und er führt für niemand am Kreuz vorbei. Das aber ist die eigentliche Sicherheit des Weges. Er ist weder Theorie noch Ideologie. Beide Worte bedeuten ursprünglich so etwas wie eine Ansicht oder Sicht der Dinge. Man braucht sich dabei nicht notwendig zu engagieren. Man kann Zuschauer bleiben und in Ruhe darüber diskutieren. (Jemand hat sagen können, die subtilste Form des Atheismus besteht darin, recht viel über Gott zu reden – aber niemals mit ihm). Geht man allerdings den „neuen Weg" nur teilweise mit und verwechselt die Nachfolge mit kritischem Hinterfragen, so bleibt man auf der Strecke. Man gerät ins Aus. In der Wüste unserer Zivilisation bedeutet das den sicheren Tod. Darum bedeutet der neue Weg: Konsequent bis zum Kreuz zu gehen. Das ist unsere eigentliche und einzigartige Sicherheit. Denn vom Kreuz gelangen wir mit Jesus zur Auferstehung. Sie ist der Schlüssel seiner Menschwerdung: Sie erschließt uns durch ihn und mit ihm und in ihm den Weg zur Herrlichkeit des Vaters.

Drittens: Die innere Stimme, die uns auf dem neuen Weg über das Kreuz Christi zur Herrlichkeit des Vaters leitet, ist der Heilige Geist. Er ist der Weg der Liebe zwischen den göttlichen Personen – und damit auch zwischen Gott und Mensch. Darum kann er allein die Kirche heilen von all ihren Intrigen und Wirrungen auf ihrem Erdenweg. Mit allen Engeln und Heiligen, mit all unseren Lieben, die uns vorausgegangen sind und mit der Mutter des Herrn ist die Kirche um den Thron Gottes versammelt, um ihn zu loben und zu preisen in alle Ewigkeit.

Viertens: Auch wenn der Heilige Geist fortbesteht von Ewigkeit zu Ewigkeit und seine Kirche heilt, dann dürfen wir seine Heilung nicht verwechseln mit einem Habitus, zu deutsch mit Gewohnheit oder gar Routine. Wir können den Heiligen Geist nicht „mitnehmen" wie in einer Einkaufstasche oder ihn in die Tiefkühltruhe versenken, wenn wir meinen, wir brauchten ihn gerade nicht. Auf seiner Wüstenwanderung hat Gott das Volk Israel mit Manna, dem „Brot vom Himmel", versorgt für einen Tag. Einige aber bewahrten es bis zum nächsten Morgen auf – und es stank (vgl. Ex 16,20). Die kleine heilige Therese, diese große Kirchenlehrerin, die uns auf dem Weg durch dieses Buch geleiten wird, sagt über ihren „Weg der Kindheit", sie wolle vom lieben Gott keinen Gnadenvorrat erbitten, sondern immer nur gerade soviel Gnade, wie sie hier und jetzt braucht.

Vom „neuen Weg" unter der Führung des Heiligen Geistes möchte dieses Büchlein berichten. Es ist nicht mit einer systematischen Abhandlung zu verwechseln. Es ist eher ein Erfahrungsbericht auf dem nicht ungefährlichen, dafür aber von Gefährten begleiteten Weg durch die Wüste unserer Zeit. Die den einzelnen Abschnitten zugrundeliegenden Vorträge zum Heilig-Geist-Jahr in Vorbereitung auf das Große Jubiläum des Jahres 2000 sind erwachsen aus der täglichen Arbeit unserer therapeutischen Gemeinschaft des Hauses St. Raphael. Raphael bedeutet: „Gott heilt". Wie ich bereits in meinem Buch *Gottes Wege. Heilung durch den Glauben* (Graz 1994) berichtet habe, versuchen wir, in der Gegenwart des Heiligen Geistes seelisch kranken Menschen zur Klärung ihrer Berufung der Nachfolge Christi auf dem „neuen Weg“ zu helfen.

Zu danken habe ich unseren Patienten, die sich besonders intensiv auf die Wegweisung des Heiligen Geistes angewiesen wissen, aber auch den Brüdern und Schwestern der Dominikanischen Familie – und allen Menschen, die dieses Werk durch Gebet, Verbundenheit und Mitarbeit ermöglichen.

Heiligkreuztal, am Fest der heiligen Erzengel,
29. September 1998

„Dein Glaube hat dich gerettet"

Der Heilige Geist als Gabe der Heilung

Im Bericht über die Heilung der zehn Aussätzigen (Lukas 17,11–19) befreit Jesus auf *ein* Wort hin zehn medizinisch nicht Heilbare von ihren Erkrankungen. Sie litten an zweierlei Symptomen: erstens an der körperlichen Entstellung durch Aussatz und zweitens – weil diese Krankheit anstekkend ist – an dem Ausgesetztsein von der Gesellschaft. Wie Tiere mußten sie Glöckchen um den Hals tragen, damit man schon von weitem auf sie aufmerksam wurde und einen Bogen um sie machen konnte.

Nach der Heilung durch Jesus und der Bestätigung ihrer rituellen Reinheit durch die Priester sind sie von beiden Symptomen befreit: Sie sind medizinisch unauffällig und können sozial integriert werden. Aber sind sie wirklich geheilt? Im Text heißt es: *„Einer von ihnen kehrte, als er sich gesund geworden sah, zurück, pries Gott mit lauter Stimme, fiel Jesus zu Füßen auf sein Angesicht und dankte ihm. Das war ein Samariter. Da gab ihm Jesus zur Antwort: Sind nicht zehn rein geworden? Hat sich sonst keiner gefunden, der zurückkehrte, Gott die Ehre zu geben, als dieser Fremde? Dann sprach er zu ihm: Steh auf und geh, dein Glaube hat dich gerettet!"*

Die Botschaft dieses Berichts ist deutlich: Symptombehebung ist noch keine Heilung des ganzen Menschen. Geheilt im biblischen Sinn ist, wer sich durch die Gabe des Heiligen Geistes und des Glaubens an Gott retten läßt. Das ist in diesem Bericht kein Jude, sondern ein

Fremder, auf den viele mit Verachtung schauten. Entscheidend ist also nicht die Religionszugehörigkeit, sondern der Glaube an Jesus als den Sohn Gottes und die Dankbarkeit für das durch den Geist Gottes Geschehene.

In fast allen Heilungsberichten des Neuen Testaments fragt Jesus: *„Willst du geheilt werden?"* oder: *„Was willst du, daß ich dir tue?"* Warum fragt er das, wenn er doch genau weiß, warum sie kommen? Weil es bei Jesus nicht um das geht, was wir heute unter Heilung verstehen, nämlich um den aus der Naturwissenschaft stammenden Begriff der Symptombehebung. Mit welchen Beschwerden ein Mensch auch kommt, Jesus will den ganzen Menschen heilen. *„Willst du geheilt werden?"* heißt bei Jesus: Bist du bereit, die Werte der Welt wie Leistung, Verdienst, Prestige, Konkurrenz loszulassen und dich einzulassen auf die Werte des Reiches Gottes, nämlich auf Dienen aus Liebe im Glauben? Das ist Heilung im biblischen Sinn. Er setzt die Gabe des Heiligen Geistes voraus. Denn der Glaube ist selbst eine Gabe des Geistes. Er kann und soll von Menschen überliefert werden, aber er ist nicht von Menschen machbar.

Weil Jesus den Menschen geschaffen und erlöst hat, kennt er ihn so gut wie niemand anders. Er weiß, daß die Symptome, mit denen ich komme, nur die Spitze des Eisbergs sind. Und er fragt nicht nur: „Bist du bereit, deine bisherigen Gewohnheiten aufzugeben?", sondern er fragt: „Bist du bereit, die Grundhaltung deines Lebens zu verändern? Bist du bereit, anzunehmen, daß du von Gott, dem Vater, geschaffen und von Jesus, seinem Sohn, erlöst und Tempel des Heiligen Geistes bist?"

Um besser zu verstehen, warum Jesus das fragt und welche Bedeutung es für uns hat, müssen wir zurückgehen an den Anfang der Schöpfungsgeschichte. Zunächst war es für Adam und Eva überhaupt kein Problem, daß sie nackt voreinander waren. Das war ihre Glückseligkeit, die Erfüllung ihres Lebens: Daß der andere anders ist als ich, und daß ich von ihm abhängig bin, weil ich nicht allein existieren kann. Und es war ihre Glückseligkeit, abhängig zu sein von Gott, der sie geschaffen hatte aus Liebe.

Aus dieser Liebe des Menschen zu Gott ergibt sich eine Sehnsucht, die ausgehalten werden will. Diese Sehnsucht und das Unvermögen des Menschen, sie auszuhalten, hat die Schlange ausgenutzt. Ihre Worte: *„Ihr werdet sein wie Götter"* sind so etwas wie geistliches Fastfood. Aber der Preis dafür ist hoch: Aus Sehnsucht wird Sucht. Die Menschen, die zunächst in der Glückseligkeit freiwilliger Abhängigkeit voneinander lebten, werden zu Rivalen. Sie leben jetzt in zwanghafter Abhängigkeit voneinander. Auch die Gottesbeziehung, die auf freiwilliger Abhängigkeit beruhte, wird zu Konkurrenz und Zwang. Die Schlange hatte noch weiter versprochen: *„Ihr werdet Gut und Böse erkennen"*. Aber was erkennen die beiden Menschen als erstes? Daß sie nackt sind! Was bis dahin kein Problem war, wird zum Problem Nummer eins: Schamhaft verborgen hinter einem Feigenblatt wird nun, was als eigene Schwäche erscheint: Das Anderssein als der andere, das Ihn-Brauchen, weil man nicht leben kann ohne ihn.

Neben der zwanghaften Gottesbeziehung und der Rivalität der Menschen untereinander – mit allem, was sie an Unheil, Unrecht, Vernichtung und Krieg mit sich bringt – gibt es noch eine dritte Konsequenz: Der Mensch wird sich selbst zum Rivalen. Das zeigt sich in seiner tiefgehenden Unzufriedenheit, Gespaltenheit, Zerrissenheit, Verzweiflung. Romano Guardini sagt, der Mensch, der in Gottes Ebenbild erschaffen ist, wollte selber Urbild sein.

Die Existenzphilosophen sagen, die Angst, die wir alle kennen, diese undefinierbare Angst zu existieren, hat zu tun mit der Existenz selbst: Existieren heißt Angst haben, nämlich Angst haben vor der Tatsache unserer Begrenztheit, unserer Schwäche, unserer Hinfälligkeit, des Älterwerdens und Sterbenmüssens. Guardini aber sagt: Nicht hinfällig werden oder sterben müssen macht uns Angst, sondern die Tatsache, daß wir genau wissen: Wir sind Ebenbild – aber wir wollen Urbild sein.

Wenn wir geprägt vom Menschenbild der Naturwissenschaft fragen, was Krankheit ist und worin Heilung bestehen kann, dann müssen wir uns zunächst die Unzufriedenheit mit unserer Abhängigkeit von Gott und voneinander bewußt machen. Erst dann können wir verstehen, was Jesus meint, wenn er die Kranken fragt: *„Willst du geheilt werden?“* Er läßt uns erahnen, wie *weit* sein Heilungsbegriff gefaßt ist, und das heißt, wie weit seine Liebe zu uns geht. Der heilige Irenäus von Lyon sagt: *„Der Mensch ist die Herrlichkeit Gottes“*, nicht er repräsentiert oder symbolisiert sie, sondern der Mensch *ist* die Herrlichkeit Gottes. Das möchte Jesus für jeden von uns. Die Begegnung mit Jesus, dem Heiland, soll uns zur Herrlichkeit Gottes führen. Jeder von uns soll Herrlichkeit werden durch die Gabe des Heiligen Geistes.

Damit aber sind wir bei der Frage, was Jesus mit den Heilungen, die er wirkte, bezeugen wollte. Wir können diese Frage auch anders formulieren: Nicht *wovon,* sondern *wozu* soll der Mensch nach Gottes Plan geheilt werden? Der Antwort müssen wir vorausschicken, daß nach dem Willen des Vaters Jesus die Vollmacht zu heilen nicht für sich behalten wollte. Er wollte sie mit uns teilen, um uns *„vor seinem Angesicht“*, das heißt mit seiner Hilfe und in seiner Gegenwart zu allen Menschen zu senden. Er lehrte die Jünger: *„Heilt die Kranken, die es dort gibt, und sagt: Das Reich Gottes ist nahe!"* (Lukas 10,9).

Heilung durch Jesus ist also keine Symptombehebung, auch keine Wiederherstellung, sondern Neuschöpfung. Meine Würde und meine Mitverantwortung bestehen darin, daß Gott mich in dem Maß, wie ich mich dazu bereitfinde, an seinem Neuschöpfungsprozeß teilhaben läßt. Wenn das mit Leiden verbunden ist, dann kann man nur sagen: Gott sei Dank! *„Leiden in Liebe ist kein Leiden mehr"*, sagt der heilige Pfarrer von Ars. Wenn ein Mensch seine Erkrankung und den Weg der Befreiung davon nicht ganz bewußt durchleidet und bereit ist, das Leid mit dem Beistand des Heiligen Geistes anzunehmen, dann geschieht keine Heilung.

Denn es kann keine Auferstehung geben ohne das Kreuz. Dieses Kreuz aber ist für niemand eine Überforderung. Das Kreuzesopfer Jesu ist ein Akt der Liebe. Es ist die freiwillige und bewußte Liebe Jesu zu seinem Volk und zu seinem Vater. Wenn wir bereit sind, das Kreuz anzunehmen und in Liebe zu tragen, dann wird es zur Auferstehung mit Jesus führen, zu einer Neuschöpfung. Sie wird sehr anders aussehen als alles, was wir erwartet haben. Aber auch das ist Liebe. Gott hat uns erschaffen aus Liebe – und ihm dürfen wir es überlassen, wie er uns erlöst und neu schafft.

Um einen Augenblick dabei stehen zu bleiben: Leid geht an die Substanz. Deswegen müssen wir es ernst nehmen. Wir kennen die Diskussion: Ist das Kreuz eher Opfer Jesu oder Liebe Gottes? Eine wunderbare Antwort auf diese Frage findet sich auf einer Darstellung der Kreuzigung aus dem Mittelalter. Es sind die christlichen Tugenden in Menschengestalt, die Jesus ans Kreuz nageln: *misericordia, oboedientia und humilitas:* Erbarmen, Gehorsam und Demut. Es ist die *caritas,* die Jesus die Seite öffnet mit der Lanze. Nicht ein römischer Soldat, also nicht die verstandeslose Brutalität des Menschen, öffnet die Seite Jesu, sondern die Liebe. In dieser Darstellung und in der Glaubensüberzeugung, die dahintersteht, sehen wir, was die Kreuzigung Jesu wirklich ist: ein einziger Akt der Liebe. In diesem wunderbaren „Detail" erkennen wir außerdem, daß die Öffnung der Seite Jesu vom Medizinischen her nicht mehr nötig war. Jesus war ja schon tot. Die Öffnung der Seite Jesu war also überflüssig. Aber dadurch konnte die Liebe Gottes überfließen.

Aus diesem Überfluß der Liebe Gottes entstand die Kirche. Aus Strömen lebenspendenden Wassers, Strömen von Wasser und Blut, wie die Kirchenväter sagen, entstanden die Sakramente der Taufe und der Eucharistie. Das war die Geburt der Kirche, wie das Zweite Vatikanische Konzil bestätigt: *„Anfang und Wachstum (der Kirche als geheimnisvoll schon gegenwärtigem Reich Christi) werden zeichenhaft angedeutet durch Blut und Wasser, die der geöffneten Seite des gekreuzigten Jesus entströmen.* (vgl. Joh 19,34)" (Lumen Gentium 3).

Die Antwort auf die Frage: *Wozu* soll der Mensch geheilt werden nach dem Plan Gottes? ist also einfach: Um fähig zu werden, den Überfluß der Liebe Gottes in sein Leben aufzunehmen und zu bezeugen. Mit den Worten der Schrift ist das nicht mehr nur Heilung, sondern Heiligung. Noch einmal sei es gesagt: Was wir heute unter Heilung verstehen, nämlich Symptombehebung, ist ein naturwissenschaftlicher Begriff. Die biblische Wirklichkeit aber ist Heilung als Heiligung: die persönliche Begegnung mit dem Heiland in der Hoffnung auf Herrlichkeit durch die Gabe des Heiligen Geistes.

Was aber bedeutet Heilung als Heiligung für meinen Alltag? Wir können auch fragen: Nicht nur wovon und wozu, sondern *wofür* will ich geheilt werden? Ein jüdisches Wort sagt: *„Es gibt eine Unschuld des Anfangs, und es gibt eine Unschuld des Endes."* Das Eintauchen all dessen, was zerstört worden ist durch meine Schuld in das Meer des Erbarmens unseres Gottes, läßt die Unschuld des Endes zu der größeren Glückseligkeit werden als die des Anfangs. Denn diese Unschuld ist bereichert durch die Erfahrung meiner Schuld und Erlösung.

Das heißt praktisch, auch wenn unsere Neuschöpfung in Christus nicht wirklich und wirksam werden kann ohne das Kreuz, kann Leiden für den Christen niemals Selbstzweck sein, sondern immer nur ein notwendiger Durchgang zur Auferstehung. Jesus gibt seinen Leib hin für uns, und er wird leiblich von den Toten auferweckt durch seinen Vater. Mit ihm als dem Haupt seines mystischen Leibes werden auch wir leiblich auferweckt werden als seine Glieder. In dieser ständigen Teilhabe an der einen Auferstehung Christi besteht unsere Heilung und Heiligung. Der heilige Augustinus sagt über unsere Auferstehung mit Jesus als einen die ganze Geschichte durchziehenden Prozeß: *„Niemand steigt auf als er, weil wir durch die Gnade in ihm sind ... Dabei geht die Würde des Hauptes nicht verloren, und die Einheit des Leibes wird nicht zerrissen"* (Predigt zur Himmelfahrt Christi).

Aus dieser Feststellung des heiligen Augustinus ergibt sich eine entscheidende Wirklichkeit für unseren Alltag: *Es kann keine Heilung des einzelnen geben. Heilung als Heiligung wird konkret in der Neuschöpfung der Beziehungen.* Noch einmal: Die Öffnung der Seite Jesu durch den Lanzenstich war funktional gesehen überflüssig, denn Jesus war schon tot. Aber genau in dieser Überflüssigkeit liegt etwas Entscheidendes für unsere Heilung und Heiligung: Die Überwindung der Verzwecktheit unseres Daseins.

Unser quälendes Bewußtsein: „Alles ist Markt – als Frauen und Männer sind wir nur Ware" hat seinen Ursprung im Sündenfall. Durch die Versuchung der Schlange zur schnellen Bedürfnisbefriedigung war die Sucht an die Stelle der Sehnsucht nach der Liebe Gottes getreten. Damit kamen Konkurrenz und Rivalität in die Welt: Konkurrenz zwischen Mann und Frau, Rivalität zwischen Mensch und Mensch, Unfrieden zwischen Mensch und Gott. Mit *einem* Lanzenstich aber wird die ganze Vermarktung der Schöpfung aufgehoben.

Das nennen wir in der Theologie: *gratia gratis data:* die um ihrer selbst willen geschenkte Gnade. Entscheidend ist das *um seiner selbst willen* von Gott Geschenkte – ohne jeden Hintergedanken von Zweck und Vermarktung: Gott läßt es einfach geschehen aus Liebe zu uns. Die *caritas* ist es, die die Seite Jesu öffnet und Blut und lebenspendendes Wasser hervorströmen läßt. Das ist der Ursprung der Kirche, der Ursprung einer neuen Art der Beziehungen unter den Menschen durch die Gabe des Heiligen Geistes.

Deswegen ist es sinnvoll zu fragen: *Wofür* will ich geheilt werden? Ich will geheilt werden für das Leben des neuen Menschen mit seinen neuen Beziehungen. Wir können auch sagen: Ich will geheilt werden, um mich selbst und andere mit den Augen Gottes zu sehen. Das ist Leben in der Kirche und mit der Kirche!

Aber wie sehe ich mich selbst und wie sehe ich den anderen mit den Augen Gottes? Und was bedeutet das an Veränderungen? Die Antwort ist einfach: Wenn ich mir nicht meine Unzufriedenheit mit der alten Sicht bewußt mache, dann kann ich nicht geheilt und geheiligt werden zum Leben in der neuen Schöpfung. Mit menschlichen Mitteln – sie mögen noch so kompetent sein – ist diese

Heilung nicht zu erreichen. Hier spielen das Wort Gottes und die Sakramente als sichtbare Zeichen der unsichtbaren Liebe Gottes eine grundlegende Rolle. Das Wort Gottes und die Sakramente können einen Menschen rundherum neu schaffen, wenn sie mit erwartendem Glauben aufgenommen werden.

Das Entscheidende an der Feier des Wortes Gottes in der Eucharistie ist dabei nicht – wie viele meinen –, daß jetzt die große Wunderheilung eintritt, auf die sie so lange schon gewartet haben. Das Wesentliche ist vielmehr die Gabe Gottes, die unendlich viel größer ist als die Behebung von Symptomen. Was Gott uns durch jede Feier der Eucharistie neu schenken möchte, ist das durch die Erbsünde verspielte ewige Leben, zu dem wir anfänglich bestimmt gewesen sind. Die von uns so sehnlich erwartete körperliche Heilung ist dann, wenn sie geschenkt wird, nichts anderes als eine Zugabe zu der eigentlichen Gabe des ewigen Lebens.

Ich habe bei der Feier der Eucharistie so viele körperliche Heilungen erleben dürfen, daß ich nicht ausschließe, daß wir auch in unserer Zeit zu Zeugen werden, wie Tote zu neuem Leben auferstehen. Wenn das durch das Wort Jesu geschehen ist, und wenn das durch das Gebet des heiligen Dominikus bei der Feier der Eucharistie geschehen ist, daß ein Toter zu neuem Leben auferweckt wurde, warum sollte es dann nicht auch heute geschehen? Aber selbst wenn es nach Gottes Willen geschehen sollte, dann ist diese Auferweckung eines Toten nicht das eigentliche Wunder. Das Wunder ist, daß jeder von uns jedesmal, wenn wir Eucharistie feiern, vom Tod erlöst wird zum ewigen Leben.

Der heilige Irenäus von Lyon sagt: *„Wenn der Leib und das Blut Christi in unseren Leib und unser Blut eingehen, dann verändert sich unser Leib und unser Blut in Leib und*

Blut Christi." Wenn wir das in der ganzheitlichen Sicht sehen, die Jesus hatte und die den Kirchenvätern zuteil geworden ist, dann ist es ganz und gar nicht „vorwissenschaftlich", dann werden wir durch die Kommunion am Leib und am Blut Christi verwandelt in Glieder seines mystischen Leibes. *„Wir werden, was wir sind: Leib Christi"*, sagt der heilige Augustinus.

Sich die Augen des Herzens durch den Empfang der Sakramente – an erster Stelle der Eucharistie und der Beichte – öffnen zu lassen, ist also keine Magie. Wie sagt der heilige Pfarrer von Ars? *„Die Sünde vernebelt den Blick. Sie verschließt uns die Augen des Herzens."* Weil sie unmittelbar mit dem Liebesopfer und der Auferstehung Jesu verbunden sind, wird durch die Sakramente die Schließung der Augen des Herzens aufgehoben. Es wird uns eine neue Sicht geschenkt. Wir sehen, was sich *in* einem Menschen tut: Wie sehr dieser Mensch – mit all seinen Grenzen und Schwächen – Herrlichkeit Gottes ist. Wenn ich das sehen darf, dann ist es eigentlich gar nicht mehr so schwer, die Frage zu beantworten: Wie gehe ich mit diesem Menschen um? Indem ich in aller Glückseligkeit der Zusammengehörigkeit ihm diene in Liebe aus Glauben.

Das ist die Antwort auf die Frage: *Wofür* will ich geheilt werden? Ich kann verzichten auf Konkurrenz und Rivalität und auf die Vermarktung unserer Beziehungen. Ich brauche nicht mehr zu fragen: Was bringt mir dieser Mensch? Es ist erschütternd, wieviel Vermarktung der Beziehungen es nicht nur in der Gesellschaft, sondern auch in der Kirche unserer Tage gibt: In Gemeinden und Gemeinschaften, Gebetskreisen und geistlichen Bewegungen. All diese hinter demonstrativer Frömmigkeit versteckten Formen gegenseitiger Vermarktung, des In-Unfrieden-Lebens nicht miteinander, sondern nebeneinander und gegeneinander, müssen Gott besonders weh tun. Unsere schlimmste Krankheit bleibt die Absonderung zwischen Gott und Menschen: die Sünde. Hier gibt es nur ein Heilmittel: Die Feier des Wortes Gottes und seiner Sakramente. Mit Jesus leben auch wir als seine Kirche, die wir sein dürfen. Unser Glaube hat uns gerettet, und er wird uns retten. Denn er ist und bleibt die Gabe des Heiligen Geistes, der uns heilt und heiligt.

1. Kapitel

„In dir werden Quellen lebenspendenden Wassers sprudeln"

Der Heilige Geist als innere Wirkkraft der Kirche

Der barmherzige Samariter begegnet einem Halbtoten

Der Heilige Geist als Selbsthingabe Gottes

Das Gleichnis vom barmherzigen Samariter (Lukas 10) erzählt Jesus als Auslegung des „Großen Gebots": *„Du sollst Gott lieben von ganzem Herzen, … und deinen Nächsten wie dich selbst.*" Die Gottesliebe behindert die Nächstenliebe also nicht, sondern sie ist die unverzichtbare Voraussetzung dafür. Wir können sagen, die Gottesliebe verwirklicht sich in der Nächstenliebe, nämlich in der Hingabe des eigenen Lebens für den Nächsten. Die Gottesliebe, die sich in der Nächstenliebe ausdrückt, schränkt auch die Eigenliebe nicht ein, sondern bestärkt und prägt sie. Nächstenliebe und Eigenliebe gewinnen ihre Gestalt durch die Selbsthingabe Gottes in der Person des Heiligen Geistes. Der barmherzige Samariter gewinnt durch das Risiko, einen fast zu Tode gequälten Menschen zu retten und zu heilen, erst seine eigentliche Identität und Berufung.

Aber betrachten wir das Gleichnis von Anfang an. Es ist die Antwort Jesu auf die Frage des Schriftgelehrten:

„Und wer ist mein Nächster?" Wir werden also erfahren, um welche Nähe es Jesus geht und was er darunter versteht. Er beginnt mit dem unscheinbaren Satz: *„Ein Mann ging von Jerusalem hinab nach Jericho"*. Das ist viel mehr als nur eine Ortsangabe, um dem Geschehen einen konkreten Raum zu geben. Zunächst ist es auf die Entfernung von einem Tagesmarsch ein Höhenunterschied von zwölfhundert Metern. Denn Jerusalem liegt 800 m über dem Meeresspiegel und Jericho 400 m darunter. Es ist der tiefste Punkt der Erde – während Jerusalem als *der* Höhepunkt gilt. Nicht nur in den Psalmen, überall in der Bibel lesen wir, daß man nach Jerusalem hinaufzieht: *„Kommt, laßt uns hinaufziehn zum Berge unseres Herrn, zum Hause Gottes laßt uns ziehn."*

Von Jerusalem wegzugehen, ist darum immer ein Abstieg: Man wendet dem Hause Gottes den Rücken zu und begibt sich in die Ebene des Alltags, wenn nicht in die Tiefe der Gottesferne: In Richtung Wüste und Totes Meer, dorthin also, wo kein Leben gedeiht, weder auf dem Lande noch im Wasser. Dieses Gebiet ist bis in unsere Tage ideal für Terrorismus und Raubüberfälle: Kleine, absolut unübersichtliche Geröllbrocken und hier und da ein wenig Gestrüpp. Der Text sagt: *„... er* (ein Passant) *fiel unter die Räuber, die plünderten ihn aus, schlugen ihn, machten sich davon und ließen ihn halbtot liegen."* Für solche Aktionen eignet sich diese Gegend vorzüglich: Niemand braucht zu bemerken, mit welcher Gewalt ein Mensch fast umgebracht wird – es sei denn, man legt den Halbtoten als Köder für einen gutmütigen Hilfsbereiten aus, um auch diesen noch zu überfallen, auszurauben und umzubringen.

Ein Priester und nach ihm ein Levit – Menschen also, die für ihre Gottes- und Nächstenliebe bezahlt werden – gingen tatsächlich an dem Halbtoten vorbei. Sie sahen ihn zwar, aber sie halfen ihm nicht. Soll man sagen, sie waren vernünftig genug, sich nicht vom Wege abbringen zu lassen? Anders gesagt: War ihnen ihr eigenes Leben näher als das ihres Nächsten?

Tatsächlich ist der Weg von Jerusalem nach Jericho so angelegt, daß man nicht sicher sein kann, ihn je wieder zu erreichen, sobald man ihn einmal verlassen hat: Will man einem in der Felsenlandschaft Verunglückten zu Hilfe kommen, so muß man an manchen Stellen von der Höhe des Weges einfach in die Tiefe springen, weil es eine andere Möglichkeit des Abstiegs nicht gibt. Man kann also wirklich nicht wissen, wo man „landet", und wie einem geschieht, wenn man sich einmal vom Weg abbringen läßt. Darum sollten wir den Priester und den Leviten nicht zu schnell verurteilen, wenn ihnen ihr Auftrag, in dem sie unterwegs waren, näher lag als jener halbtote Mensch. Schließlich waren sie nicht ausgeschickt worden, ihn zu versorgen und sein Leben zu retten.

Nun kam aber auch ein Samariter des Wegs, also ein Mann, der von den Juden verachtet wurde. Wie er sich in diese Gegend verirrt hatte, und was er dort wollte, erfahren wir nicht. Offenbar interessiert es Jesus nicht. Was Jesus über den Samariter sagt, ist das Folgende: *„Er kam in seine* (des Halbtoten) *Nähe, sah ihn und wurde von Mitleid bewegt."* Hier erfahren wir nicht nur, wie Nächstenliebe entsteht, sondern wodurch sie real wird: Dadurch, daß ich die Nähe des anderen nicht nur wahrnehme, sondern mich von Mitleid mit ihm bewegen lasse.

Daß in dem Samariter der Heilige Geist am Werk ist, erkennen wir am Passiv des Satzes: *„und <u>wurde</u> von Mitleid bewegt."* Die zielstrebige Aktivität des Samariters, sich auf dem vorgegebenen und ausgewählten Weg von einem Ort zum anderen zu begeben, wird unterbrochen. Es geschieht ein unvorhergesehener Einbruch, den er geschehen und von dem er sich bewegen *läßt*. Dieser Einbruch, der ihn vom Weg abbringt, ist Gottes Gegenwart, motiviert durch sein Mitleiden mit den Menschen. Das Wort „Mitleid" verbinden wir leicht mit guten Gefühlen der Anteilnahme am Ergehen des anderen. Nicht gern gestehen wir uns ein, daß Mitleid oft genug auch mit dem Eindruck der Überlegenheit verbunden ist: „Der Arme, dem geht es aber schlecht." Außerdem mit einer gewissen Verlegenheit und Hilflosigkeit: „Was kann ich für ihn tun?" Kann ich, muß ich überhaupt etwas tun? Bin ich zuständig? Bin ich kompetent genug? Wird mich der andere nicht als aufdringlich empfinden? Der Priester und der Levit finden, es wäre für sie die bessere Lösung, weiterzugehen. Und wer will beurteilen, ob sie unrecht hatten?

Hinter dem deutschen Wort „Mitleid" steht das lateinische *compassio*. Gemeint ist die Menschwerdung Gottes in der Person Jesu Christi: die Hingabe seines Lebens aus Liebe zu den Freunden, sein Tod am Kreuz und seine Auferstehung von den Toten zur Erlösung von den Sünden. Mitleid ist darum eine Wirklichkeit des Glaubens, die auf der Selbsthingabe Gottes beruht und nicht auf Gefühlen. Es geht um Passion, und zwar nicht um irgendeine Passion, sondern um die Passion Christi. Wirklich und wirksam für uns wird diese Passion durch den Heiligen Geist, der uns die ganze Wahrheit der Liebe Gottes offenbart.

Von *diesem* Mitleid passiv bewegt, wird der Samariter aktiv. Der Text sagt zunächst: *„Er trat hinzu."* Das heißt, er läßt sich von dem eingeschlagenen Weg abbringen, ohne zu wissen, ob er diesen von ihm geplanten Weg je fortsetzen können wird. Der Text sagt weiter: *„Er verband seine Wunden und goß Öl und Wein darauf, dann setzte er ihn auf sein* *eigenes Lasttier, brachte ihn in eine Herberge und trug Sorge für ihn."* Der Samariter versorgt den Halbtoten also nach seinen besten Kräften. Er opfert nicht nur Öl und Wein, sondern er stellt sein Lasttier zur Verfügung, geht selbst zu Fuß und findet eine Herberge für den Kranken. Vielleicht liegt sie gar nicht an seinem Weg. Aber sein „Wegweiser" ist jetzt ein anderer geworden, nämlich der Heilige Geist. In der Herberge finden beide Geborgenheit. Der Samariter beginnt die Gnade des Teilens zu erleben. Für die weitere Behandlung des Halbtoten stellt er dem Herbergswirt einen Blanco-Scheck aus: *„Was du noch für ihn verwenden wirst, will ich dir erstatten, wenn ich zurückkomme."*

In der Kraft des Heiligen Geistes macht er die Selbsthingabe Gottes zu seiner eigenen. Er erfährt den Reichtum des Beschenktwerdens durch das Sichselbstverlieren. Es gibt Ikonen, die nicht den barmherzigen Samariter als Christus kennzeichnen, der sich der geschundenen Menschheit erbarmt, sondern die im Gegenteil den von den Räubern fast zu Tode geschundenen Menschen als Christus darstellen: In seiner Passion ist Gott auf das Mit-leiden der Menschen angewiesen. *„Gib dein Herz Jesus, gib es ihm ganz"*, ruft die kleine heilige Therese in ihrer eigenen Passion einer ihrer Schwestern zu, *„Jesus braucht unsere Liebe! Il est l'Amour mal aimé. Er ist die ungeliebte Liebe"*.

Solange ich meinem Nächsten helfen will, weil ich mich stärker fühle als er, solange ich meine, ich müßte über ihm stehen, um ihn versorgen zu können, solange behandle ich Jesus von oben herab. Erst wenn ich bereit bin, mich unter ihn zu beugen und ihn mit dem ganzen Gewicht seiner Angewiesenheit auf mich zu nehmen, kann von Mitleiden im Sinn der *compassio* Gottes die Rede sein. Gott gibt sich selber hin in mir durch die Person des Heiligen Geistes – und wir begegnen in dem anderen Jesus. Er ist nackt und elend, wie ich nackt und elend bin. Ich kann von ihm nichts erwarten – außer, daß er meine Hilfe braucht. Gewähre ich ihm diese Hilfe jetzt und hier ohne zu fragen, was aus mir werden wird und was ich davon habe, so werde ich mehr von ihm empfangen, als ich ihm je geben konnte. In diesem Halbtoten bin ich Jesus, dem Sohn Gottes, begegnet, der für mich gestorben und auferstanden ist von den Toten.

Dort, wo ich mich von meinem Weg habe abbringen lassen, habe ich ihn gefunden, der von sich sagt: *„Ich bin der Weg, die Wahrheit und das Leben."*

Die Samaritanerin begegnet Jesus am Brunnen

Der Heilige Geist als Zeugnis für den Heiland

Es gibt eine Auslegung der Begegnung Jesu mit der Samaritanerin am Jakobsbrunnen (Johannes 4), in der die fünf Männer, die diese Frau schon gehabt hat, und auch der sechste, mit dem sie nicht verheiratet ist, nicht als Männer aus Fleisch und Blut verstanden werden, mit denen sie mehr oder weniger lange zusammengelebt hat. Sie verkörpern vielmehr eine Reihe heidnischer Naturreligionen, die damals in der Region verbreitet waren, und denen sie mehr oder weniger lange angehört hat – bis die befreiende, heilende und erlösende Begegnung mit Jesus kam. Interessant an dieser Auslegung ist die Vorstellung, diese Frau war eine zwanghaft Suchende – und zwar nicht nur eine zwanghaft sexuell Suchende, sondern eine nach Orientierung und Erfüllung des ganzen Menschen Suchende.

Noch wesentlicher aber scheint, wie Jesus dieser Sehnsucht begegnet. Er sagt am Brunnenrand sitzend: *„Gib mir zu trinken"*. Mit dieser Geste bedeutet er ihr, nicht bei ihm als dem nächsten Mann oder dem siebenten Religionsvertreter wird sie die Orientierung und Erfüllung finden, die sie sucht, sondern *in ihr*, in ihrem eigenen Inneren ist von allem Anfang an vorgegeben, wonach sie sich sehnt: Wie jeder Mensch ist sie geschaffen im Ebenbild Gottes, des Vaters, erlöst von seinem Sohn Jesus Christus und Tempel des Heiligen Geistes.

Bis eine derart überwältigende Botschaft dieser Frau bewußt wird, braucht es freilich Zeit. Die Stufen dieses Bewußtwerdungsprozesses genauer zu betrachten, lohnt sich, denn es sind nicht nur Etappen der Heilsgeschichte, die zur Geburt der Kirche geführt haben – sondern gleichzeitig Etappen der Geschichte eines jeden von uns: der Reifung unserer Gottesbeziehung. Die richtunggebende und immer neu mit Leben erfüllende Rolle spielt dabei der Heilige Geist.

Zunächst wundert sich die Samaritanerin, daß Jesus, ein Jude und ein Rabbiner dazu, sie überhaupt anspricht – und sie auch noch um etwas bittet. Die Juden verachteten die Samariter wegen ihrer minderwertigen Religion. Also warum tat Jesus das? Was wollte er von ihr? Der heilige Augustinus sagt: *„Jesus wollte ihren Glauben"*. Jesus weiß, daß er ihr den wahren Glauben nicht geben kann, sondern daß die Gabe des Glaubens *in ihr* vorgegeben ist durch den Heiligen Geist. Diese Gabe, nach der sie sich so sehr sehnt, kann nur aus ihrer eigenen Tiefe ins Bewußtsein gehoben werden. Für diese Tiefe ihrer Seele steht der Brunnen, aus dem sie das Wasser des Heiligen Geistes schöpfen soll.

Jesus antwortet ihr auf die erstaunte Frage, warum er als Jude mit ihr spricht: *„Wenn du die Gabe Gottes kennen würdest, und wer der ist, der zu dir sagt: Gib mir zu trinken, dann hättest du ihn gebeten, und er hätte dir lebenspendendes Wasser gegeben."*

Bezeichnend für ihr Unverständnis, was Jesus damit meint, ist ihre wiederum ganz erstaunte Frage: *„Herr, du hast kein Schöpfgefäß, und der Brunnen ist tief. Woher hast du also das lebendige Wasser?"* Sie wähnt sich also noch immer fremdbestimmt. Sie ahnt noch nicht, daß es um die Gabe *in ihr* geht. Sie fragt Jesus sogar, ob er größer ist als unser Vater Jakob, auf den dieser Brunnen zurückgeht. Mit anderen Worten, die Etappen der Heilsgeschichte könne man nicht einfach überspringen. Das Leben der Völker und die Geschichte des einzelnen hätten ihr Gewicht, dem so leicht nicht zu entkommen ist.

Bis zu einem gewissen Grade gibt Jesus ihr darin recht. Er sagt: *„Jeder, der von* diesem *Wasser trinkt, wird wieder Durst bekommen."* Es nutzt also nichts, bei den angestammten Gewohnheiten stehen zu bleiben oder immer wieder dahin zurückzufallen.

Erst danach sagt er ihr, woher die eigentliche Befreiung kommt: eben nicht durch den Wechsel von der einen religiösen Gewohnheit zur anderen, auch nicht durch den Wandel von einem Lebenspartner zum anderen, von denen jeder das große Glück und die Erfüllung verspricht, sondern: *„Wer von dem Wasser trinkt, das ich ihm geben werde, wird in Ewigkeit nicht mehr dürsten, sondern das Wasser, das ich ihm geben werde, wird in ihm zu einer Wasserquelle werden, die zum ewigen Leben sprudelt"*.

Trotz dieser klaren Worte Jesu meint die Frau immer noch, das Neue, Heilende, Erlösende für ihr Leben müsse von außen kommen: „*Herr, gib mir dieses Wasser, damit ich keinen Durst mehr bekomme und nicht mehr hierher zu kommen brauche, um neu zu schöpfen.*" Sie kann noch nicht erkennen, daß Jesus mit jener „*Quelle, die zum ewigen Leben sprudelt*", den Heiligen Geist meint. Er ist zwar immer eine Gabe, aber eine Gabe, die in jedem Menschen vorgegeben ist. Darum ist sie unabhängig von seiner derzeitigen Religionszugehörigkeit und seinen geistlichen Praktiken – und auch unabhängig von seinem moralischen Lebenswandel. „*Die Liebe Gottes ist ausgegossen in unsere Herzen durch den Heiligen Geist, der uns gegeben ist*", schreibt der Apostel Paulus an die Römer (5,5). Das heißt: jenen Heiligen Geist, den wir nicht zu verdienen brauchen, weil wir ihn gar nicht verdienen können.

Die Samaritanerin aber will immer noch nicht begreifen, was von Jesus für sie kommen kann. Sie ist so gefangen in ihren Gewohnheiten, daß sie gar nicht merkt, wie sie sich schon wieder abhängig machen möchte von etwas, das von außen kommt, deutlicher gesagt, von dem nächsten Mann und dessen Religion.

Um ihr diese Gefangenschaft bewußt werden zu lassen, ihre totale Angewiesenheit auf die Fremdbestimmung, muß Jesus zu einem unerwarteten Mittel greifen. Er sagt ihr: „*Geh, und hole deinen Mann!*" Jesus möchte diese Frau mit dem ganzen Ausmaß ihres Elends konfrontieren, um ihr dadurch zu bedeuten, daß nur durch den Heiligen Geist, der wirksam ist *in ihr,* der ganze Mensch gerettet werden kann.

Mit ihrer Feststellung: „*Ich habe keinen Mann*", leistet die Frau eine Art Offenbarungseid. Es war das schlimmste, was einer Frau damals passieren konnte, ohne Mann und ohne Kinder zu sein. Das galt als Strafe Gottes, der geboten hatte: „*Seid fruchtbar und mehret euch!*" Ohne Mann und Kinder galt man als von der Gesellschaft geächtet und ausgeschlossen, weil von Gott verlassen.

Aber Jesus geht noch einen Schritt weiter. Er sagt ihr: *„Recht hast du gesagt. Und der, mit dem du jetzt lebst, ist nicht dein Mann.“* Manche Bibelwissenschaftler meinen, wie gesagt, hier ginge es nicht um einzelne Partnerschaften, sondern um die wechselnde Zugehörigkeit zu verschiedenen Religionsgemeinschaften. Man kann sich fragen, was schlimmer ist: die menschliche Verlassenheit dieser Frau, bei immer neuen Partnern ihr Glück zu suchen, oder die geistliche Orientierungslosigkeit, durch immer wieder andere spirituelle Praktiken Erfüllung zu finden. Jesus sieht die totale innere Leere dieser Frau, ihr Ausgebranntsein durch das zwanghafte Konsumverhalten. Um sie davon zu befreien und zu erlösen, muß er sie darauf aufmerksam machen, daß die Lösung nicht von außen kommen wird durch immer neue Ablenkungsmanöver, so verlockend und interessant sie auch scheinen mögen. Ihre Erlösung ist *in ihr* vorgegeben durch den Heiligen Geist. Es geht also um nichts anderes als um den Zugang zu dieser inneren Quelle lebenspendenden Wassers, die für den Heiligen Geist steht.

Wenn diese Frau mit ihren langen Irrwegen und Umwegen ein *„Urbild der Kirche“* ist, wie der heilige Augustinus sagt, dann ist die Botschaft klar: Nicht durch noch so viele Methoden und Systeme und Programme wird neues Leben in die Gemeinden und Gemeinschaften kommen. Es wird Zeit, die innere Orientierungslosigkeit der Kirche mit aller Deutlichkeit zu sehen, die *„hektische Stagnation“*, wie Bischof Lehmann sagt. Neues Leben, Leben, das in die Zukunft weist und Frucht trägt, kann nur durch eine Rückbesinnung auf die Geburt der Kirche durch den Geist Gottes am Pfingsttag entstehen –

und durch ein andauerndes Gebet um diesen Heiligen Geist.

Die Samaritanerin ist durch die deutlichen Worte Jesu, daß sie fünf Männer hatte und der jetzige nicht ihr Mann ist, weder schockiert noch beleidigt, noch verletzt. Im Gegenteil: Sie ist befreit! Sie sagt zu Jesus: *„Du bist wirklich ein Prophet!"* Daß Jesus ihr die ganze Verfahrenheit ihres Lebens aufzeigt, erlebt sie nicht als Vernichtung, sondern als Erlösung. Sie erkennt: Er ist nicht gekommen, um zu richten, sondern um zu retten.

Befreit vom Ballast ihrer eingefleischten Gewohnheiten fragt sie Jesus, wo der rechte Ort der Anbetung ist. Das heißt, sie bekommt jetzt offenbar Zweifel an ihrer ständigen Suche nach der Rettung von außen. Jesus antwortet ihr, im Geist und in der Wahrheit sollen wir anbeten, denn solche Anbeter sucht der Vater. *„Gott ist Geist, und die anbeten, müssen im Geist und in der Wahrheit anbeten."* „Geist" bedeutet hier das Prinzip der Neugeburt aus Gott, wie es Jesus schon Nikodemus erklärt hatte: Das gesamte Vorleben wird nicht nur geheilt, sondern es wird neu geschaffen aus dem erlösenden Erbarmen Gottes. Damit aber beginnt auch eine neue Gottesbeziehung, nämlich in der „Wahrheit" anzubeten: in der Wahrheit der Offenbarung Gottes in der Person Jesu.

Die Wahrheit der Liebe Gottes steht jetzt vor der Samaritanerin in der Gestalt Jesu. Diese Ahnung aber ist zuviel für sie: Sie ergreift die Flucht nach vorn. Sie sagt: *„Ich weiß, daß der Messias kommt, der Christus. Wenn er kommt, wird er uns alles verkünden".* Wenn: Es ist zu schön, um wahr zu sein, was du da sagst – und sicherlich noch lange, lange hin. Jesus aber sagt ihr, die Zukunft hat längst begonnen – und auch um die Vergangenheit braucht sie sich nicht mehr zu sorgen: *„Ich bin es, der mit dir spricht."*

Wenn Jesus im Johannes-Evangelium sagt *„Ich bin es"*, dann ist immer die Gegenwart der ganzen heiligen Dreieinigkeit gemeint. Hier offenbart sich nicht nur Jesus als der Sohn des Vaters, sondern hier ist auch der Vater anwesend durch den Heiligen Geist. Und er vermittelt dieser Frau aus ihrem eigenen Inneren nicht nur ein neues Leben, sondern damit auch eine neue Zukunft und eine neue Sicht ihrer Vergangenheit.

Von allen unerwarteten Wendungen in dieser Begegnung erleben wir hier die erstaunlichste: In der Kraft des Heiligen Geistes sendet Jesus diese Frau seiner eigenen Sendung voraus: Er macht sich abhängig von ihr! Die Frau läßt den Krug, mit dem sie Wasser schöpfen wollte – also ihre ganze Vergangenheit – auf dem Brunnenrand stehen und läuft in jene Stadt hinein, in der sie als eine Geächtete und Ausgestoßene galt. Aber das Vergangene ist jetzt Vergangenheit. Was allein zählt, ist die Gegenwart. Sie sagt: *„Kommt, seht einen Mann, der mir alles gesagt hat, was ich getan habe. Ob er der Messias ist?"* Tatsächlich sind ihre Verächter von einst derart verblüfft, daß sie ihr aufs Wort folgen, um Jesus zu sehen. Der Text sagt: *„Da gingen sie aus der Stadt heraus und kamen zu ihm"*. Sie kamen aus ihren Häusern, aus den Mauern der Stadt heraus, um zu ihm zu kommen! Sie geben all ihre Feindseligkeiten, all ihre Gewohnheiten, in denen sie sich eingemauert hatten, auf ein einziges Wort auf, um die totale Neuigkeit der Gegenwart Jesu zu erleben – mit allem, was das an Unsicherheit mit sich bringt. Das kann diese Frau nicht aus sich erreicht haben. Das ist bereits der Heilige Geist, ihr neues Herz, die neue Schöpfung, die durch ihre Worte wirken: *„Ob er der Messias ist?"* Aber mehr noch: Diese Frau hat die Vollmacht des Geistes, in jenen Menschen, die ihre Feinde waren und sie verachteten, die Gabe des

Glaubens zu erwecken, die in ihnen vorgegeben ist. Der Text sagt: *„Aus jener Stadt glaubten viele von den Samaritern an ihn auf das Wort jener Frau hin, die bezeugte: Er hat mir alles gesagt, was ich getan habe."*

Nach ihren langen Umwegen und Irrwegen ist diese Frau also zur Braut des Messias geworden – und damit zum Urbild der Kirche. Aber sie wird gerade deswegen dazu, weil Jesus sie nicht an sich bindet, sondern weil er sie konsequent auf die Gabe des Heiligen Geistes in ihrem Inneren verweist. Dadurch befreit er sie von der zwanghaften Abhängigkeit von äußeren Einflüssen. Nicht auf die Weisung Jesu hat sie ihren Krug am Brunnen stehen lassen und ist in die Stadt gegangen, um den Glauben zu erwekken, sondern aus innerem Antrieb durch den Heiligen Geist. Ihre zwanghafte Abhängigkeit von äußeren Situationen und Personen, die sie in den Griff bekommen wollte, ist zu einer freiwilligen Abhängigkeit geworden, durch die sie sich hat ergreifen und befreien lassen.

Die Wirklichkeit und die Wirksamkeit ihres Zeugnisses erkennen wir daran, daß es Frucht trägt, und zwar Frucht, die bleibt: Ihr Zeugnis verhallt nicht ungehört. Es erweckt auch nicht nur Neugier oder Sensationslust. Die Bewohner der Stadt kommen nicht nur heraus, um zu sehen, ob Jesus ein Magier oder ein Zauberkünstler oder ein Verführer ist. Der Text sagt: *„Als nun die Samariter zu ihm kamen, baten sie ihn, bei ihnen zu bleiben."* Sie wollen wissen, was hinter seinen Worten und hinter seiner Person steht. Und Jesus erkennt diesen Ernst, diese echte Suche nach der Wahrheit. *„Und er blieb zwei Tage dort"*, sagt der Text. Das ist viel Zeit, wenn man an den abgrundtiefen Haß zwischen Juden und Samaritern denkt. Aber sein Aufenthalt trägt echte Frucht: *„Da glaubten noch viel mehr auf sein Wort hin."*

Der lange Weg der Samaritanerin durch die verschiedenen Religionen und die unterschiedlichen Partnerschaften war also nicht vergebens. So sinnlos er ihr oft genug erschienen sein mag – sie hat sich nicht nur im Kreise gedreht. Eines Tages ist sie durch die unerwartete Begegnung mit Jesus aus diesem Teufelskreis der Gefangenschaft in ihren eigenen Bedürfnissen befreit worden: Frei zu sich selbst durch die Schöpferkraft des Heiligen Geistes in ihr. Sie ist zu einem neuen Leben geboren. Durch das Zeugnis ihrer Heilung und Befreiung hat sie viele andere zum Glauben an Jesus, den Heiland, geführt. Der Text schließt mit den Worten: *„Noch viel mehr glaubten auf sein Wort hin. Sie sagten zu der Frau: Nicht mehr nur auf dein Wort hin glauben wir jetzt. Denn nun haben wir ihn selber gehört, und wir wissen: Dieser ist wirklich der Retter der Welt.“*

Maria Magdalena begegnet dem Auferstandenen

Der Heilige Geist als Sendung zu den Brüdern

Von der Samaritanerin wissen wir immerhin, daß sie fünf Männer hatte und der jetzige nicht ihr Mann ist. Aber was wissen wir von Maria Magdalena? Wir meinen sehr viel von ihr zu wissen aus der Ikonografie, aus einer Unzahl von Legenden, besonders in Südfrankreich noch sehr lebendigen Bräuchen, Wallfahrten, Orts- und Klosternamen.

Jahrhunderte hindurch war man überzeugt, Maria Magdalena wäre eine „Sünderin“, das heißt eine Prostituierte, die man ohne weiteres mit der stadtbekannten Sünderin in Lukas 7 identifizierte. Durch die Freundschaft mit Jesus hätte sie sich zu einem anderen Leben bekehrt. Der Phantasie waren keine Grenzen gesetzt! Bis heute gibt es feministische Auslegungen, die behaupten, das Leben der Maria Magdalena hätte sich nur insofern geändert, als sie die Geliebte von Jesus geworden wäre.

Die Frage bleibt also: Wer war Maria Magdalena wirklich? Die Antwort ist einfach: Wir wissen es nicht. Die Angaben der Evangelien sind spärlich – zu spärlich, um irgendetwas Genaues daraus abzuleiten. Bei Lukas 8,2 erfahren wir lediglich, im Gefolge Jesu befanden sich außer den zwölf Jüngern noch *„einige Frauen, die von bösen Geistern und Krankheiten geheilt waren, darunter Maria, welche Magdalena heißt, aus der sieben Dämonen ausgefahren waren"*. Das ist alles. Unter welchen Krankheiten Maria Magdalena litt und welcher Art die Dämonen waren, von denen sie befreit wurde, wird nicht gesagt. Die Annahme, sie wäre eine Sünderin gewesen, ist also durch nichts zu beweisen.

Aber was heißt, sie wurde von sieben Dämonen befreit? Wir müssen zunächst fragen, wer sind die Dämonen und was wollen sie? Wie die Engel die Gesandten Gottes sind und das Gute für die Menschen wollen, so sind die Dämonen die Sendboten des Teufels, die das Böse wollen: Verwirrung, Verzweiflung, Vernichtung. Sie erreichen das am wirksamsten, indem sie die Beziehung des Menschen zu Gott verwirren und zerstören. Weil sieben in der Bibel die Zahl der Fülle ist, bedeutet von sieben Dämonen besessen zu sein den Zustand vollkommener Verwirrung. Sie kann einen Menschen nicht nur in die Depression, sondern in den Selbstmord treiben. Das wollten die Dämonen mit Maria Magdalena erreichen.

Aber aus dieser Verwirrung und Verzweiflung hat Jesus sie befreit. Der scheinbar belanglosen Notiz in Lukas 8,1–2 entnehmen wir zwei wesentliche Auswirkungen dieser Befreiung: Erstens befindet sich Maria Magdalena bereits in der Nachfolge Jesu. Sie hat erkannt, er ist *„der Weg, die Wahrheit und das Leben"*. Ihr chaotisches und verwirrtes Leben hat eine neue Orientierung bekommen durch sein Leben. Sie hat sich nicht an irgendeine Ideologie oder Phantasie gehängt, an keine „höhere Wirklichkeit" oder „alternative Spiritualität", sondern sie hat ihr Leben auf eine *Person* ausgerichtet, auf ein persönliches Du: Auf den Sohn Gottes in der Person Jesu Christi. Zweitens ist sie nicht allein mit Jesus, wie wir sie auf vielen Bildern dargestellt finden. Sie stellt keinen Exklusiv-Anspruch auf seine Freundschaft, und auch für Jesus gibt es nicht nur sie. Im Text lesen wir: *„Die Zwölf waren mit ihm und einige Frauen"*. Maria Magdalena befindet sich also in einer Gemeinschaft. Deren Ziel ist klar definiert. Sie folgten nicht nur Jesus nach, sondern mit Jesus *„verkündeten sie die Heilsbotschaft vom Reich Gottes."* Maria Magdalena ist also nicht von den sieben Dämonen befreit worden, damit sie tun und lassen kann, was sie will – und so zur Beute anderer Dämonen wird. Ihre Befreiung hat eine klare Orientierung: Der Sohn Gottes verkündet die Heilsbotschaft vom Reich Gottes. In diese Verkündigung soll sie einbezogen werden.

Hier erleben wir die Wirkkraft des Heiligen Geistes in der Befreiung der Maria Magdalena: Der Heilige Geist ist immer der, der die Menschen hinführt zum Heil. Aber eben nicht zu irgendeinem Heil, sondern zum menschgewordenen Heil Gottes: *„Niemand kann sagen, Jesus Christus ist der Herr, außer im Heiligen Geist." (1 Kor 12,3)*

Durch diese beiden konkreten Auswirkungen der Befreiung Maria Magdalenas von den sieben Dämonen: erstens die persönliche Freundschaft und die Nachfolge Jesu und zweitens die Einbindung in die Gemeinschaft der gläubigen Frauen und Männer, die mit Jesus gemeinsam das Reich Gottes verkünden, wird Maria Magdalena bereits anfänglich zum Urbild der Kirche. Durch die Wirkkraft des Heiligen Geistes gehört sie als die „Braut“ zu Jesus, dem Bräutigam, der zum Maßstab all ihres Handelns wird. Durch dieselbe Wirkkraft des Heiligen Geistes wird auch die Einheit mit den Brüdern und Schwestern in der Nachfolge Christi zum Maßstab ihres Handelns.

Welches aber sind die Früchte ihres neuen Lebens in Freiheit und Gemeinschaft? Zunächst muß Maria Magdalena den Schock des Todes Jesu überwinden. Außer in der Gruppe der Nachfolgerinnen Jesu bei Lukas 8,2 begegnen wir ihr in einer weiteren Gruppe von Frauen unter dem Kreuz (Mt 27,55; Mk 15,42; Joh 19,25). Der ihr Leben geworden ist, hat sich freiwillig dem Tod überliefert, um *allen* Menschen neues Leben zu geben. Diese Eingebundenheit in die Gemeinschaft aller Menschen erspart ihr nicht den persönlichen Schmerz des Alleinseins.

Wir können die Verlassenheit Maria Magdalenas erahnen, die sich ausdrückt in ihrem Gang zum Grab Jesu *„in aller Frühe, als es noch dunkel ist“* (Joh 20,1). Dies ist die einzige Stelle im ganzen Evangelium, an der wir Maria Magdalena allein begegnen. Tatsächlich läuft sie noch vor den Jüngern zum Grab, um Jesus zu sehen. Sie möchte wenigstens in der Gegenwart ihres toten Herrn sein. Nun aber ist auch das Grab noch leer: *„Sie haben den Herrn aus dem Grab weggenommen, und wir wissen nicht, wo sie ihn hingelegt haben!“*, ruft sie. Und sie weint vor Entsetzen. Jemand sagt zu ihr: *„Frau, warum weinst du? Wen suchst du?“* Sie meint, es müsse der Gärtner sein, und sagt: *„Wenn du ihn fortgetragen hast, so sag mir, wo du ihn hingelegt hast, und ich werde ihn holen.“* Sie ist zum Äußersten entschlossen. Auch durch den Tod will sie sich nicht von dem trennen lassen, der ihr Leben ist. Da aber wird sie bei ihrem Namen genannt: *„Maria!"* Und sie erkennt, daß der, den sie für den Gärtner hielt, der auferstandene Herr ist.

Die Kirchenväter sagen, der Ruf Jesu steht für ihre Taufe und ihre Berufung. Hier wird Maria Magdalena vollends zum Urbild der Kirche. Der Ruf ihres Namens bedeutet das endgültige Herausgerufenwerden aus dem alten Leben in das neue, das ewige Leben: Kirche, *ecclesia,* bedeutet „die Herausgerufenen" in den neuen Bund, den Bund mit dem Vater durch den Heiligen Geist. Und Maria Magdalena wird hier zusätzlich zum Urbild der Kirche durch ihre prompte Reaktion auf den Ruf Jesu. Sie antwortet: *„Rabbuni, Meister!"* Dieses eine Wort bedeutet für sie alles. Als Urbild der Kirche erkennt sie Jesus nicht nur als ihren persönlichen Herrn, sondern sie anerkennt seine Herrschaft über die ganze Kirche als jene absolut einzigartige Herrschaft, mit der Jesus die Menschen befreien und ihnen dienen will.

Natürlich möchte Maria Magdalena diesen Jesus, der ihr Leben ist, ergreifen, um ihn zu begreifen, sie möchte ihn festhalten, um ihn für sich zu behalten. Er aber sagt ihr: *„Halte mich nicht fest!"* Was zunächst wie eine schroffe Zurückweisung klingt, ist in Wahrheit eine Liebeserklärung! Auf welche Weise? Die Menschwerdung Gottes ist mit dem Tod und der Auferstehung Jesu noch nicht abgeschlossen. Die Himmelfahrt und die Ausgießung des Heiligen Geistes gehören auch dazu. Durch die Auffahrt zum Vater bleibt Jesus nicht nur jedem Menschen verbunden durch die Einheit im Heiligen Geist, sondern er geht eine Beziehung von einer Intimität mit ihm ein, wie es ihm durch seine körperliche Gegenwart auf Erden gar nicht möglich war. Erst vom Himmel her kann er Maria Magdalena eine Berufung geben, welche die Berufung der ganzen Kirche sein wird: „*Geh aber zu den Brüdern und sage ihnen: Ich steige hinauf zu meinem Vater und zu eurem Vater, zu meinem Gott und zu eurem Gott.*“

Jedes Wort ist wichtig an dieser Liebeserklärung, die gleichzeitig auch die Erklärung ihrer Berufung und ihrer Sendung als Urbild der Kirche ist. Der Vater Jesu Christi ist zunächst sein ganz persönlicher Vater. Damit bezeichnet Jesus seine eigene Göttlichkeit. Aber der Vater Jesu ist auch „*euer Vater*“. Damit meint Jesus den Vater aller Menschen, der seinen Sohn als Mensch unter die Menschen gesandt hat, um ihnen jene Nähe zu Gott zu ermöglichen, die erst durch Gottes Menschwerdung möglich wurde.

Wir könnten meinen, durch die Sendung des Sohnes, als Mensch unter Menschen zu leben, verliert Jesus etwas von seiner Göttlichkeit. Tatsächlich haben die Irrlehren aller Jahrhunderte das behauptet: Jesus kann nicht *ganz* Gott und *ganz* Mensch sein. Entweder er war nie wahrhaft Gott, sondern eben Mensch, oder wenn er wirklich Gott war, ist er nie wahrhaft Mensch geworden. Auch in unserer Zeit gibt es nicht wenige theologische Richtungen, welche die Menschlichkeit Jesu so stark betonen, daß sie zu dem Schluß kommen, es wäre nicht so wichtig, ob er nun wirklich Gottes Sohn ist.

Trotzdem müssen wir fragen: Ist es wirklich diese Art der Gottesnähe, die mit dem Entzug seiner Menschlichkeit verbunden scheint, nach der Maria Magdalena sich gesehnt hat, auch wenn ihr das nicht bewußt war? Und warum sehnte sie sich mehr noch nach dieser Nähe von innen her als nach der vermeintlichen Geborgenheit in der körperlichen Nähe Jesu? Die Antwort ist einfach: Wie jeder Mensch sehnt sie sich nach dieser Nähe Gottes, weil Gott selbst die Sehnsucht nach dieser Nähe in das Herz des Menschen gelegt hat. Und weil die Sehnsucht nach dieser Nähe erst durch die Auffahrt Jesu zum Vater ihre Erfüllung findet.

Warum meinen wir trotzdem, Jesus hätte unmenschlich gehandelt, Maria Magdalena einfach so stehen zu lassen? Weil wir meinen, sein Verhalten widerspricht unserer täglichen Erfahrung. Wenn wir uns allein fühlen, dann bedeutet uns die körperliche Nähe eines geliebten Menschen unendlich viel mehr als der schönste geistliche Zuspruch, er komme von außen oder von innen. Wir wollen nicht nur etwas, sondern wir wollen jemand haben, an dem wir uns halten können!

Aber dann gibt es auch noch jene andere Erfahrung, die nicht weniger alltäglich ist als die erste. Wir wollen sie nicht wahrhaben, aber sie ist nicht weniger real: Es gibt auch Enttäuschungen in menschlichen Beziehungen. Jene Nähe und Geborgenheit, die wir so sehr suchen, ist allzu häufig nicht von Dauer. Fühlen wir uns erneut alleingelassen, so suchen wir nach alternativen Möglichkeiten der Geborgenheit: Wir werden fromm, wir fangen an zu beten. Sicher, auch das kann Kirche sein. Aber wenn Kirche zur Kompensation für andere Bedürfnisse wird, dann müssen wir uns fragen, ob das die wahre, vom Heiligen Geist gewirkte Kirche ist.

Vielleicht werden wir uns eines Tages auch fragen, ob das heute bis in die Kirchen hinein vorherrschende Credo von der notwendigen Bedürfnisbefriedigung durch umfassenden Lustgewinn die *ganze* Wahrheit ist, die uns die tägliche Erfahrung lehrt? Soviel Bedürfnisse es uns auch zu befriedigen gelingt – und das kann, wie wir wissen, ziemlich stressig werden – immer werden irgendwelche Bedürfnisreste übrigbleiben. Und was machen wir mit denen?

Bei all dem Streß, den uns der umfassende Lustgewinn bereitet, wird uns vielleicht eines deutlich werden, was heute fast wie eine Ketzerei klingt: Das Credo von der notwendigen Bedürfnisbefriedigung beruht *nicht* auf Erfahrung, wie wir meinen, sondern es ist eine pure Hypothese, die durch nichts beweisbar ist. Die Psychoanalyse ist bis heute keine Erfahrungswissenschaft, sondern ein System von Vermutungen, die durch nichts bewiesen sind. Immer deutlicher stellen wir fest, daß Bedürfnisbefriedigung durch Lustgewinn nicht alles ist, wonach der Mensch sich sehnt, und was er zu seiner Erfüllung braucht. Aber was braucht er dann?

Die Bibel spricht nirgendwo von Sexualität, denn Sexualität ist ein Begriff aus der Gerichtsmedizin des 19. Jahrhunderts. Die Bibel spricht von Verlangen. Dieses auf die Person des andern orientierte Verlangen ist uns von Gott gegeben und letztlich immer auf die Person Gottes gerichtet, und zwar mit der Liebe, mit der Gott, der Vater, uns geschaffen hat. Gott kann also nicht gut der Feind unseres Verlangens sein, wenn dieses Verlangen von Gott selbst herkommt und auf ihn selbst gerichtet ist.

Wir brauchen uns darum dieses Verlangens nicht zu schämen und es als ein notwendiges Übel betrachten. Ohne Übertreibung können wir sagen, die Bibel als Offenbarung Gottes ist eine einzige Geschichte menschlichen Verlangens. In keinem andern Buch der Weltliteratur ist derart viel von Liebe, Freundschaft, Ehe und Familie die Rede. Nicht umsonst gipfelt die Bibel in dem Freudenschrei: *„Der Geist und die Braut sprechen: ‚Komm! Wen dürstet, der komme. Der Mensch, der Verlangen hat, empfange umsonst das Wasser des Lebens‘“* (Offb 22,17). Mit dem Bild menschlichen Verlangens ist hier die Erfüllung der Kirche als Braut Christi durch den Geist Gottes gemeint. Sie kann nicht fruchtbar werden ohne die Vereinigung und Erfüllung mit dem Geist Gottes. Aus diesem letzten Satz der Bibel wie aus vielen anderen dürfen wir schließen: Gott ist nicht Mensch geworden, das Wort ist nicht Fleisch geworden, um uns die Drohbotschaft von der Leibfeindlichkeit des Christentums zu verkünden und dem menschlichen Verlangen für immer den Krieg zu erklären.

Wenn das so ist, wenn unser Gott kein Gott der Lustlosigkeit ist, dann bleibt freilich die Frage, und sie wird noch drängender: Warum sagt Jesus zu Maria Magdalena: *„Halte mich nicht fest?"* – und sie läßt sich das von ihm sagen? Ich hoffe, die Antwort ist deutlich geworden: Allein der auferstandene Jesus, der durch Leiden und Tod gegangene Freund des Menschen, kann uns durch seine Himmelfahrt den Zugang zur Herrlichkeit des Vaters eröffnen und uns damit zu einer Intimität befreien, die alle Bedürfnisbefriedigung durch körperliche Nähe übersteigt.

Erst durch die Himmelfahrt Jesu kann der Heilige Geist zu der eigentlichen Wirkkraft im Inneren von Maria Magdalena werden – und auch zur inneren Wirkkraft der Kirche: *„Geh zu den Brüdern und sag ihnen …"*. Das ist ihre Berufung und Sendung, die von nun an ihr Leben erfüllen wird – intensiver und beständiger als jede menschliche Nähe das vermag. Sie findet in dieser Sendung eine neue Geborgenheit, die ihre kühnsten Erwartungen übersteigt, nämlich in der vom Geist Gottes gewirkten Gemeinschaft der Menschen.

Die Tradition nennt Maria Magdalena *„Apostolin der Apostel"*, weil sie den Brüdern und Schwestern nicht von ihrer leidvollen Vergangenheit erzählt, auch nicht von ihren Zukunftschancen einer kirchlichen Karriere, sondern weil sie jene Gegenwart bezeugt, die allein wichtig ist: *„Ich habe den Herrn gesehen!"*

2. KAPITEL

„Der Glaube kommt vom Hören"

Glaube als Grundton kirchlichen Alltags

„Auf diesen Felsen will ich meine Kirche bauen"

Der Heilige Geist als Gabe des Glaubens

Das Wort Jesu in Matthäus 16,18: *„Du bist Petrus, und auf diesen Felsen will ich meine Kirche bauen"*, bezieht sich nicht nur auf die Person des Petrus. Kardinal Christoph Schönborn sagte in den Fastenexerzitien des Papstes 1996 in Gegenwart des Heiligen Vaters: *„Der Felsen ist zuerst der Glaube, daß Jesus der Christus, der Sohn des lebendigen Gottes ist. Der Felsen ist Christus selber. Nur in Seiner Kraft und durch Sein Wort ist auch Petrus der Fels"* (Leben für die Kirche, Freiburg 1997, S. 98).

Wir können sagen, die Person des Petrus ist nur insofern der Fels, als er der *Träger* des Glaubens ist. Aber das ändert nichts an seiner Unwürdigkeit. Kardinal Schönborn schreibt weiter: *„Das Amt (des Petrus) ist (nur ein) von Christus gestiftetes Mittel, damit das Ziel der Kirche ermöglicht wird (nämlich ihre Heiligkeit). Die Unwürdigkeit ihres Trägers (Petrus) kann Christus nicht am Handeln hindern"* (ebd. 98).

Christus kennt die Schwächen der Menschen, die des Petrus ebenso wie die unseren. Er hat uns geschaffen und erlöst. Wir können ihm nichts vormachen. In seiner unfaßbaren Demut vertraut er uns die Gabe des Glaubens an, daß sie zu unserem Felsen wird, zur Grundlage unseres Lebens.

Der Glaube ist also nicht auf den einen Träger Petrus beschränkt. Aber der Glaube ist auch nicht mein persönliches Verdienst. Der Glaube ist und bleibt unverdiente Gabe Gottes an alle Menschen. Und diese Gabe Gottes ist zunächst und zuerst die Gabe seines Sohnes: Gottes Selbsthingabe in der Gestalt seines Sohnes Jesus Christus. Ohne diese Hingabe seiner selbst wäre unser Glaube gegenstandslos. Darum ist Christus der Felsen, auf dem unser Glaube aufruht.

Der Zugang zu seiner absoluten Einzigartigkeit als Sohn Gottes wird uns allein durch die Gabe des Glaubens geschenkt. Die Person Jesu Christi verkörpert die Gabe des Glaubens. An Christi Worten und Taten können wir ablesen, was Gott, der Vater, uns mit seiner Offenbarung in der Heiligen Schrift schenken will. Wir können erkennen, wohin er uns durch den in der Kirche gegenwärtigen Heiligen Geist führen will: zur Teilhabe an seiner Herrlichkeit. Petrus und das Petrus-Amt sind also nicht der Felsen selbst, sondern Mittler unseres Glaubensweges zur Heiligkeit.

Es wird heute oft gefragt: Was nützt mir dieser Glaube? Wozu brauche ich ihn? Was bringt mir das, zu glauben? Für mich entscheidend ist mein Gewissen. Mein Gewissen sagt mir, was ich zu tun und zu lassen habe. Der Papst und die Kirche vertreten Meinungen. Aber sie liefern mir keine Gewißheit. Wenn ich mich auf die Kirche verlassen wollte, dann wäre ich verlassen. Jeder in dieser Kirche rät mir etwas anderes. Zuletzt bin ich doch allein. Es bleibt mir also nichts als mein Gewissen.

Tatsächlich ist der Pluralismus in der katholischen Kirche kein neues Phänomen, das wir erst seit dem Zweiten

Vatikanischen Konzil (1962–65) kennen würden. Unterschiedliche theologische Auffassungen hat es zu allen Zeiten gegeben. Aber Pluralismus in der Theologie bedeutet keine Aufhebung der Einheit im Glauben. Das Konzil sagt zwar, daß man über die Offenbarung in der Heiligen Schrift und über Tradition und Lehre der Kirche auf verschiedene Weise nachdenken kann. Aber das Konzil lehrt nicht, daß jeder glauben kann, was er will. Der eine Glaube der einen Kirche bleibt der Fels unseres Daseins. Sich von diesem Felsen zu entfernen, wird lebensgefährlich. Das bedarf der Erläuterung.

Bisher bestand die Stärke der Kirche in ihrer Einheit im Glauben. Der Fels, auf den wir bauen konnten, war die Einheit im Glauben, vermittelt durch Papst und Kirche: Was eine Milliarde Menschen gemeinsam glaubt, kann nicht falsch sein. Aber eine Milliarde Menschen ist heute nur noch ein Sechstel der Menschheit. Statistisch sind wir als Kirche längst eine Minderheit. Wir haben nicht mehr automatisch recht, weil wir den rechten Glauben haben als die unanfechtbare Mehrheit. Auch unter Christen leben wir keine Einheit mehr im Glauben, auf die wir uns verlassen können, mit der wir nach innen und nach außen argumentieren können.

Es gibt zwar einen weltweit verbindlichen *Katechismus der Katholischen Kirche*. Aber falls man ihn liest, so liest man ihn wie ein Sachbuch mit Tatsachen und Meinungen. Er verfügt nicht über jene moralische Autorität für die Gesamtheit der Gläubigen, die er haben sollte, um die Einheit zu garantieren. Man sucht sich heraus, was einem plausibel und nachvollziehbar erscheint. Man sagt: Was im Katechismus steht, ist interessant, aber maßgebend ist allein mein Gewissen. Etwas anderes hat die Kirche auch tatsächlich nie gelehrt: Die letzte Instanz ist das persönliche Gewissen.

Und doch: Wenn ich sage, es bleibt mir nichts als mein Gewissen, dann muß ich fragen, woher mein Gewissen das nimmt, was es weiß, oder was es zu wissen meint. Um es an zwei Beispielen zu verdeutlichen: Das Fernsehen hat heute die größere Autorität als die Großmutter und der Pfarrer. Und das Fernsehen sendet nicht von morgens bis abends den Katechismus der Katholischen Kirche. Eine Fünfjährige sagte: „Meine Oma hat schon vom lieben Gott erzählt – aber am Fernsehen ist der noch nicht gekommen." Also fragt es sich, ob Gott existiert, und ob man Großmutter und ihre Meinung noch ernst nehmen kann.

Ein dreiundzwanzigjähriger Unteroffizier der Schweizer Garde erschoß seinen Kommandanten, dessen Frau und schließlich sich selbst, nur weil er eine dienstliche Rüge erhielt und sich „schikaniert" fühlte – ein in der fast fünfhundertjährigen Geschichte dieser Truppe zum Schutz des Lebens des Papstes einmaliger Vorfall. Woher nahm der gläubige Elitekatholik diese Art der „Konfliktlösung", wenn nicht aus den Tag und Nacht ausgestrahlten Leitbildern des Fernsehens und der entsprechenden Moral?

Aber selbst wenn sich die erschreckenden moralischen Verirrungen häufen, wenn unser Gewissen in vielen Bereichen durch die Autorität der Medien gründlich fehlgeleitet wird, so kann kein Zweifel daran bestehen, daß uns dieses Gewissen von Gott gegeben ist, der uns aus Liebe geschaffen und erlöst hat. Aber Gott hat als kostbarste Gabe auch die Freiheit des Willens gegeben. Und das heißt: Unser Gewissen funktioniert nicht automatisch, wie Gott es programmiert hat – sonst könnten wir nicht mehr vom freien Willen sprechen. Unser Gewissen muß also *gebildet* werden, denn es erweist sich als beeinflußbar. Und es sollte nach Kriterien des *Lebens* gebildet werden, wenn wir überleben wollen – und nach Kriterien des Heils, wenn wir heil und heilig werden wollen.

Hier hat die Gabe des Glaubens ihren Platz. Hier findet die Frage, was nutzt mir der Glaube?, ihre Antwort. Der *Katechismus der Katholischen Kirche* sagt dazu: *„Bei der Gewissensbildung ist das Wort Gottes Licht auf unserem Weg. Wir müssen es uns im Glauben und im Gebet zu eigen machen und in die Tat umsetzen. Wir werden dabei durch die Gaben des Heiligen Geistes und durch die Ratschläge anderer unterstützt"* (KKK 1785). Die Gabe des Glaubens, mit allem, was sie an Lebensregeln und an Lebensweisheit beinhaltet, ist also tatsächlich der Fels, auf dem unser Leben gegründet ist. Am Inhalt des Glaubens, wie er aufleuchtet im Wort Gottes, kann sich unser Gewissen bilden. Sobald wir unseren Verstand und unseren freien Willen nicht nutzen, genau zu unterscheiden, was unserem Glauben und seinem Inhalt entspricht und was nicht, gerät unser Gewissen ins Aus: Wenn wir uns aufgrund eines vom Glauben gebildeten Gewissens nicht für das Leben entscheiden, dann entscheiden wir uns für den Tod. Ein neutrales Niemandsland, wo das, was wir tun, „nicht so schlimm ist", gibt es nicht. Die Grundlage jeder Gewissensentscheidung ist daher einfach: Unser Gott ist ein Gott des Lebens. Er will, daß es uns gut geht: daß wir das Leben haben und es in Fülle haben – und also, daß wir uns konsequent für das Leben entscheiden. *„Kämpfe den guten Kampf"*, ruft der Apostel Paulus seinem jungen Freund Timotheus zu, *„Bewahre den Glauben und das gute Gewissen. Dieses haben manche verloren und so am Glauben Schiffbruch erlitten"* (1Tim 1,18–19).

Mit der Gabe des Glaubens als dem Felsen, auf dem unser Gewissen und seine Entscheidungen gebaut sein sollten, will Gott uns noch mehr schenken als die Fülle des Lebens durch die Vergebung der Sünden. Im Neuen Testament ist die Frucht des Glaubens das *ewige Leben:* die Überwindung des Todes und allen Unheils durch den Liebestod Christi am Kreuz und seine Auferweckung von den Toten.

Was heißt ewiges Leben? Die Auferweckung Jesu von den Toten ist der Höhepunkt seiner Menschwerdung. Unser Glaube an seine Auferstehung ist der Schlüssel zum ewigen Leben. Im Ebenbild Gottes geschaffen, ist der Mensch ursprünglich zum ewigen Leben geschaffen wie Gott selbst. Erst durch den Sündenfall hat sich der Mensch von Gott als der Quelle des Lebens abgesondert und ist hinfällig geworden und dem körperlichen Tod verfallen. Es bedurfte der Menschwerdung Gottes und seines Todes, daß der Mensch die Gabe des ewigen Lebens hier und jetzt erhält. Die Gabe des ewigen Lebens hebt freilich die Hinfälligkeit des Menschen nicht auf: Jeder von uns muß altern und sterben. Aber die Gabe des ewigen Lebens läßt diese Wirklichkeiten relativ werden: Sie will uns die Angst vor der Endgültigkeit des Todes, vor der Schicksalhaftigkeit der Krankheit, der Absolutheit des Unheils nehmen. Damit aber kann die Gabe des ewigen Lebens uns vom Großteil unserer Ängste, Sorgen und Nöte, die uns häufig erst krank machen, befreien. Denn bewußt oder unbewußt sind unsere Sorgen und Nöte mit der Angst vor Krankheit und Tod und der Ungewißheit des Weiterlebens nach dem Tod verbunden.

Das ewige Leben beginnt nicht erst mit unserem körperlichen Tod, wie viele immer noch meinen, sondern es wird uns bereits mit der Taufe geschenkt. Durch das Sakrament der Taufe gehen wir ein in den Tod und die Auferstehung Jesu und werden ihm ähnlich. Wir werden den Mächten der Finsternis entrissen und gehen ein in das Reich Gottes. Diese Glaubensgewißheit begleitet und erfüllt uns während unseres ganzen Erdenlebens. Durch die

Gabe des Heiligen Geistes bindet sie uns ein in das Leben der göttlichen Dreieinigkeit und gleichzeitig in die menschliche Gemeinschaft der Kirche. *„Ihr seid nicht mehr Fremde ohne Bürgerrecht, sondern Mitbürger der Heiligen und Hausgenossen Gottes"*, sagt der Apostel Paulus über die Auswirkung der Taufe in seinem Brief an die Heidenchristen in Ephesus (Eph 2,19). Es ist jenes neue Leben in der *„neuen Schöpfung"*, zu dem uns Gott, der Vater, durch die Auferweckung seines Sohnes im Heiligen Geist befreit hat. Es bedeutet leben in der Geborgenheit der menschlichen Gemeinschaft der Kirche und in der Verbundenheit mit der göttlichen Dreieinigkeit. Die Gemeinschaft der Kirche ist nichts anderes als das Abbild der himmlischen Gemeinschaft der drei göttlichen Personen.

Wenn wir heute immer wieder intensive Zweifel haben an der Realität unserer Gottverbundenheit und an der Geborgenheit in der Gemeinschaft der Kirche, so ist der Grund für diese Zweifel nicht der mangelnde Realismus der göttlichen Offenbarung, also der Heiligen Schrift und ihrer Auslegung durch die Geistlichen, sondern schlicht und einfach unsere Sünde. Durch die Sünde sondern wir uns ab von der Gemeinschaft der Kirche und von Gott. Die Sünde besteht darin, daß wir unseren eigenen Vorstellungen und Meinungen mehr vertrauen und sie für realistischer halten als die Gabe des Glaubens. Durch die Sakramente der Kirche, vor allem die Feier der Eucharistie und das Sakrament der Versöhnung (die Beichte), aber können wir uns immer neu von dieser Absonderung und der damit verbundenen Verzweiflung befreien lassen. Verzweiflung meint nichts anderes als Zerrissenheit, Zweigeteiltheit. Kardinal Congar sagt: *„Kommunionempfang ist Vereinigung mit Jesus Christus und zugleich Erfüllung mit dem Heiligen Geist"* (Der Heilige Geist, Freiburg 1982, 474f).

Das ewige Leben als Frucht unseres Glaubens aber bedeutet noch mehr als Geborgenheit in der Gemeinschaft der Kirche und der Gottverbundenheit. Wie wir bereits durch das Sakrament der Taufe in Tod und Auferstehung Christi eingegangen sind, und sich dieser Prozeß durch die Feier der anderen Sakramente ständig wiederholt, werden wir nach unserem körperlichen Tod auch mit Christus leibhaft auferstehen, um teilzuhaben an seiner Herrlichkeit. Darauf aber ist all unser Verlangen gerichtet.

Durch den körperlichen Tod werden wir weder von der Gemeinschaft der Menschen getrennt noch von der Gemeinsamkeit mit der heiligen Dreieinigkeit ausgeschlossen. Im Gegenteil, unsere Einheit mit Gott und Menschen wird intensiver als zur Zeit der körperlichen Nähe auf dieser Erde. Wenn schon das Neue Testament und später ausnahmslos alle Heiligen von unserer *„wahren Heimat im Himmel"* und der Pilgerreise auf dieser Erde sprechen, so ist das keine fromme Poesie, sondern die Realität unseres Daseins. Die Hoffnung auf Herrlichkeit ist keine „Flucht nach vorn", sondern sie ist unsere einzig realistische Hoffnung. Sie gehört untrennbar zum Felsen unseres Glaubens.

Daß dieser Glaube – noch einmal sei es abschließend gesagt – kein Verdienst ist, für das wir etwas tun müßten oder könnten, sondern reine Gabe Gottes, beinhaltet schließlich noch ein weiteres, das in unserer Leistungsgesellschaft nicht das Geringste scheint: Wir werden in der *„wahren Heimat"* nicht nach Leistung und Verdienst beurteilt werden wie hier auf Erden, sondern allein nach unserer Liebe, so armselig und unvollkommen sie auch sein mag. Die kleine heilige Therese von Lisieux, diese große Kirchenlehrerin, sagt: *„Nach der Verbannung auf Erden hoffe ich mich an dir zu erfreuen; aber ich will nicht Verdienste für den Himmel sammeln, sondern allein für deine Liebe arbei-*

ten … Am Ende dieses Lebens werde ich mit leeren Händen vor dir erscheinen, denn ich bitte dich nicht, oh Herr, meine Werke zu zählen. All unsere Gerechtigkeit ist voll Makel in deinen Augen! Ich will mich also mit deiner eigenen Gerechtigkeit bekleiden und von deiner Liebe den ewigen Besitz deiner selbst erlangen. Ich will mich mit deiner Gerechtigkeit bekleiden!" (Hingabe-Akt an die erbarmende Liebe).

Auf die Frage: „Was bringt mir der Glaube?" gibt Therese in einer Umgebung, in der die „frommen Übungen" eine so entscheidende Rolle spielten, um sich „den Himmel zu verdienen", die entwaffnende Antwort: Frucht des Glaubens ist nicht nur das ewige Leben, sondern als dessen Auswirkung ein absolut streßfreies Dasein auf dieser Erde! Ähnlich sagt auch der heilige Pfarrer von Ars, der bekanntlich um halb ein Uhr morgens aufstand und dann sechzehn Stunden Beichte hörte: *„Wie leicht sind die Mühen dieser Welt, wenn wir den Heiligen Geist haben!"*

Abrahams Opfer des Isaak

Glaubensgehorsam als Überlebenschance

Es mag erstaunen, unter den Heilungsberichten des Neuen Testaments eine Arbeit über Abrahams Opfer des Isaak zu finden. Aber der Apostel Paulus hat Abraham ein Vorauswissen des Evangeliums bestätigt, durch das Abraham nicht nur zum Vater aller Glaubenden, sondern auch zum Segen wird. Im Galaterbrief heißt es dazu: *„Versteht also: die aus dem Glauben, die sind Söhne Abrahams. Indem nun die Schrift voraussah, daß Gott die Heiden aus dem Glauben heraus rechtfertigte, verkündigte sie dem Abraham das Evangelium im voraus: ‚In dir sollen die Heiden gesegnet sein …'*

So sollte zu den Heiden der Segen Abrahams kommen, in Christus Jesus, so sollten wir die Verheißung des Geistes durch den Glauben empfangen" (3,7.8.14)

Dennoch: Abrahams Opfer des Isaak in Genesis 22,1–18 gehört zu den echten Ärgernissen der Bibel. Hören wir zunächst den Text: *„Nach diesen Ereignissen stellte Gott Abraham auf die Probe. Er sprach zu ihm: Abraham! Er antwortete: Hier bin ich. Gott sprach: Nimm deinen Sohn, deinen einzigen, den du liebst, Isaak, geh in das Land Morija, und bring ihn dort auf einem der Berge, den ich dir nenne, als Brandopfer dar. Frühmorgens stand Abraham auf, sattelte seinen Esel, holte seine beiden Jungknechte und seinen Sohn Isaak, spaltete Holz zum Opfer und machte sich auf den Weg zu dem Ort, den ihm Gott genannt hatte. Als Abraham am dritten Tag aufblickte, sah er den Ort von weitem. Da sagte Abraham zu seinen Jungknechten: Bleibt mit dem Esel hier! Ich will mit dem Knaben hingehen und anbeten; dann kommen wir zu euch zurück. Abraham nahm das Holz für das Brandopfer und lud es seinem Sohn Isaak auf. Er selbst nahm das Feuer und das Messer in die Hand. So gingen beide miteinander. Nach einer Weile sagte Isaak zu seinem Vater Abraham: Vater! Er antwortete: Ja, mein Sohn! Dann sagte Isaak: Hier ist Feuer und Holz. Wo aber ist das Lamm für das Brandopfer? Abraham entgegnete: Gott wird sich das Opferlamm aussuchen, mein Sohn. Und beide gingen miteinander weiter. Als sie an den Ort kamen, den ihm Gott genannt hatte, baute Abraham den Altar, schichtete das Holz auf, fesselte seinen Sohn Isaak und legte ihn auf den Altar, oben auf das Holz. Schon streckte Abraham seine Hand aus und nahm das Messer, um seinen Sohn zu schlachten. Da rief ihm der Engel des Herrn vom Himmel her zu: Abraham, Abraham! Er antwortete: Hier bin ich. Jener sprach: Streck deine Hand nicht gegen den Knaben aus, und tu ihm nichts zuleide! Denn jetzt weiß ich, daß du*

Gott fürchtest; du hast mir deinen einzigen Sohn nicht vorenthalten. Als Abraham aufschaute, sah er: Ein Widder hatte sich hinter ihm mit seinen Hörnern im Gestrüpp verfangen. Abraham ging hin, nahm den Widder und brachte ihn statt seines Sohnes als Brandopfer dar. Abraham nannte jenen Ort Jahwe-Jire (Der Herr sieht), wie man noch heute sagt: Auf dem Berg läßt sich der Herr sehen. Der Engel des Herrn rief Abraham zum zweiten Mal vom Himmel her zu und sprach: Ich habe bei mir geschworen - Spruch des Herrn: Weil du das getan hast und deinen einzigen Sohn mir nicht vorenthalten hast, will ich dir Segen schenken in Fülle und deine Nachkommen zahlreich machen wie die Sterne am Himmel und den Sand am Meeresstrand. Deine Nachkommen sollen das Tor ihrer Feinde einnehmen. Segnen sollen sich mit deinen Nachkommen alle Völker der Erde, weil du auf meine Stimme gehört hast" (Gen 22,1–18).

Elie Wiesel sagt dazu: „*Dies ist eine erschreckende Geschichte, in der die Furcht herrscht. Die Furcht und der Glaube. Die Furcht und die Herausforderung. Die Furcht und das Lachen.*" Wiesel schreibt weiter: „*Eine Schrecken erregende Geschichte, die zu einer Quelle des Trostes geworden ist für alle, die sie auf sich nehmen und in einem übertragenen Sinn einfügen in ihre eigene Erfahrung.*" *(*Adam, *Freiburg 1980, 75)* Über die Art dieser Erzählung schreibt Wiesel: „*Sogar die Form dieses Berichts hat nichts Vergleichbares im Buch der Bücher und verschlägt uns in ihrer Nüchternheit und Wucht den Atem. Jedes Wort hallt im Unendlichen wieder. Trotz des metaphysischen Hintergrundes bleibt die Situation in jeder Phase real und von brennendem Ernst. Diese uralte Geschichte ist noch immer unsere Geschichte und wird es zutiefst bleiben. Jeder von uns ist aufgerufen, eine Rolle darin zu spielen. Welche Rolle?" (ebd., 75f)* In ihrer glasklaren Nüchternheit ist das eine Geschichte von einer

Wucht, die uns überwältigen muß, wenn wir sie nicht sogleich wegzuschieben suchen mit irgendwelchen nebensächlichen Fragen. Aber wir spüren, sie läßt sich nicht wegschieben, dazu ist sie zu sehr unsere Geschichte, meine ganz persönliche.

Warum? Absolut durchsichtig in ihrer unausweichlichen Entschiedenheit – und gleichzeitig von einer Vielschichtigkeit, daß sich in jedem Satz neue Abgründe auftun, vor deren Tiefe es einen nur schaudern kann. Furcht und Schrecken, sagt Elie Wiesel, der als Fünfzehnjähriger Auschwitz gekannt hat; Furcht und Glauben, sagt der Friedensnobelpreisträger; Furcht und Lachen, sagt einer der großen Weisen unserer Zeit über diese wenigen Zeilen, von denen uns mehrere tausend Jahre trennen.

Wenn Wiesel zu erzählen beginnt, weiß man nie genau, wer spricht, so durchdrungen ist er von der Heiligen Schrift und von den jüdischen Kommentaren der geistlichen Meister, sei es der bekannten, sei es der anonymen. Man nennt das die „mündliche Tradition" der Schriftauslegung, die bis heute nicht abgeschlossen ist und es hoffentlich auch nie sein wird. Wir verzichten darauf, die Namen der einzelnen Kommentare und ihrer Autoren anzuführen. Elie Wiesels Namen und seine Erzählung *„Die Opferung Isaaks – Geschichte eines Überlebenden"* (in: Adam, Freiburg 1980) mag für alle stehen.

Schauen wir zunächst auf die Geschichte Abrahams, die zu diesem einsamen Höhepunkt der Geschichte Gottes mit den Menschen führte. Die christliche Tradition sieht darin ein Vorbild des Opfers Christi am Kreuz. Die von dramatischen Wendungen reichlich erfüllte Geschichte Abrahams – sie erstreckt sich über die Kapitel 12–25 des Buches Genesis – beginnt mit einem Paukenschlag: Dem Fünfundsiebzigjährigen, der reich an Vieh und Ländereien ist, sagt Gott: „*Zieh fort aus deinem Land, aus deiner Verwandtschaft und aus deinem Vaterhaus! Zieh in das Land, das ich dir zeigen werde. Ich will dich segnen und deinen Namen groß machen, und du sollst ein Segen sein. … Durch dich sollen gesegnet sein alle Völker der Erde.*“ Schon dieser Auftakt der Berufung Abrahams könnte paradoxer nicht sein. Brutal und voller Verheißung, ja voller Erbarmen Gottes. Alles, was Abraham sich ein Leben lang erworben hat, nicht nur an Besitz, sondern auch an menschlichen Beziehungen, soll er mit einem Schlag verlassen, ohne die geringste Ahnung zu haben, wohin er gehen wird. Er weiß nur: Indem er *alles* aufgibt, soll er zum Segen werden für alle Völker der Erde. Und Abraham ging. Weil es Gott gesagt hatte, ging Abraham.

So kam Abraham in das Land Kanaan, das heutige Israel. Hier schließt Gott einen neuen Bund mit ihm, der den ersten bestätigt, der aber nicht weniger paradox ist. Er hieß noch gar nicht Abraham, sondern Ab-ram, „Vater aus dem Adel“. Jetzt sagt Gott ihm, zum äußeren Zeichen des Bundes soll er sich beschneiden lassen, er und alle seine Nachkommen. Er soll von jetzt an „Ab-raham“ heißen, „Vater der Menge“. Wie aber soll Abraham, der Hundertjährige, zum Vater der Menge werden mit Sara, der Neunzigjährigen, die noch dazu als unfruchtbar galt? Aber Ab-ram läßt sich beschneiden und nimmt den Namen Ab-raham an, weil Gott es gesagt hat; und die neunzigjährige Sara wird schwanger, weil Gott es verheißen hat. Ein jüdischer Kommentar sagt, Gott fügte seinen eigenen Namen in den Namen Abrahams ein als Zeichen seiner Bundestreue und seiner Fruchtbarkeit. (Taucht in einem hebräischen Wort oder Satz der Buchstabe ha auf, so weiß der Leser, gemeint ist haschem, der Name Gottes.) Abram wurde also – mit dem Namen Gottes versehen – zu Abraham.

Der Sohn von Abraham und Sara soll „Isaak" heißen, hebräisch Jitzchak, das heißt „er wird lachen". Und dann geschieht von allen Paradoxen das unfaßbarste: Von diesem einzigen Sohn Isaak – der für die Zukunft steht, nicht nur die Zukunft von Abrahams Nachkommen, sondern für die Zukunft seines Volkes, ja für die Zukunft aller Völker, also für Gottes eigene Zukunft auf dieser Erde – ausgerechnet von ihm sagt Gott zu Abraham: *„Nimm deinen Sohn, den einzigen, den du liebst, den Isaak, und gehe in das Land Morija und bringe ihn dort auf einem Berg, den ich dir zeige, als Opfer dar."* Das hebräische Wort *ola* bezeichnet das radikalste Opfer der totalen Verbrennung, den Holocaust. Noch unfaßbarer ist die Folge: Auf Gottes Spruch antwortet Abraham *nichts.* Er nimmt seinen Esel und zwei Knechte, das selbst gespaltene Brennholz und ein Messer und geht – geht mit seinem Sohn Isaak.

Wie hatte Elie Wiesel gesagt? *„Furcht und Glaube. Furcht und Herausforderung. Furcht und Lachen. ... Nüchternheit und Wucht verschlagen uns den Atem."* Wir müssen fragen: Welche Furcht und welcher Glaube? Welche Furcht und welche Herausforderung? Welche Furcht und welches Lachen?

Versuchen wir, Abraham und Isaak zu folgen. Folgen wir dem Text. Jedes Wort zählt. Wir werden es noch sehen: jeder Buchstabe zählt in diesem Text. Denn dieser Text hat, wie Elie Wiesel sagt, in der Schrift nicht seinesgleichen. Der Text sagt: *„Abraham stand früh am Morgen auf ... und begab sich zu dem Ort, den Gott ihm gesagt hatte."* Abraham wußte keineswegs, wohin er ging. Ein Kommentar sagt, der Teufel verwandelte sich in einen reißenden Fluß, um Abraham vom Weg abzubringen. Als Abraham und Isaak das Wasser bis zum Halse stand, lobten und priesen sie Gott. Abraham rief: *„Herr, wenn wir* *ertrinken, wer soll dann deinen Namen verkünden?"* – und der Fluß zerstob, so daß sie geraden Weges weiterziehen konnten. Der Text sagt weiter: *„Am dritten Tag erhob Abraham seine Augen und sah den Ort von fern."* Sören Kierkegaard sagt, diese drei Tage waren länger als die viertausend Jahre, die uns von dem Ereignis trennen. Abraham sieht also den Ort von fern. Er läßt die Knechte mit dem Esel zurück und sagt zu ihnen: *„Ich und mein Sohn wollen dorthin anbeten gehen."* Dem Sohn Isaak lädt Abraham das Brennholz auf, Abraham selbst trägt das Feuer und das Messer.

Der Text sagt: *„So gingen sie beide miteinander."* Ein Kommentar entdeckt in dem hebräischen Wort für „miteinander" einen Buchstaben, der nicht zu sein brauchte. Aber nichts an der Schrift ist überflüssig – nichts ist Zufall. So sieht der Kommentar in diesem einen Buchstaben Gottes Gegenwart, um Abraham und Isaak in ihrer furchtbaren Verlassenheit zu trösten. Grammatisch ist das korrekt. Die Übersetzung hieße dann: „So gingen sie beide mit IHM." Aber auch dieser Trost, daß der mit ihnen geht, der allein das Unfaßbare zu fassen vermag und das Unerträgliche zu ertragen, auch dieser Trost ist noch paradox, um nicht zu sagen kontrovers. Gott hat Abraham so lieb, daß er ihm die Bürde des Alleinseins zumutet, die nur Er trägt. Ein Kommentar läßt Gott zu Abraham sagen: *„Ich bin allein und du bist allein"*, wörtlich übersetzt: *„Ich bin der Einzige für mich allein und du bist der Einzige für dich allein."*

Der biblische Text läßt Isaak zu Abraham sagen: *„Da ist das Feuer und da ist das Holz. Wo ist das Lamm zum Opfer?"* Abraham erwiderte: *„Gott wird sich das Lamm zum Opfer wählen."* Gott wird erwählen! Der Text sagt nichts anderes dazu als noch einmal: *„So gingen sie beide miteinander*

ander." Das heißt auch: „... gingen sie beide mit IHM." Beide, Vater und Sohn, unendlich allein. Auch Gott unendlich allein. Aber: *„Beide gingen sie mit IHM."* Zum zweiten Mal sagt der Text das. Und die Spannung steigt noch immer. Es heißt: *„Als sie an den Ort kamen, den Gott ihm gesagt hatte, baute Abraham den Altar und schichtete das Holz auf."* Das Unvermeidbare nimmt also seinen Lauf.

In seiner Verzweiflung denkt der Teufel sich noch einen besonders üblen Trick aus, Abrahams Treue auf die Probe zu stellen. Des Teufels Trick besteht darin, Abraham die Wahrheit zu sagen: Es würde kein Opfer Isaaks geben, Gott würde ihn erretten, Abraham brauche also den Altar und das Brennholz gar nicht aufzuschichten, er könne wieder gehen. Aber Abraham geht nicht. Warum? Warum geht Abraham nicht erleichtert fort? Ein Kommentar sagt: Abraham wußte, daß zwischen göttlichen und anderen Prüfungen ein Unterschied besteht. Satan versucht, uns Prüfungen leicht zu machen – Gott nicht.

Wenn Gott und Abraham sich so sehr liebten, fragt ein anderer Kommentar, warum dann diese Prüfungen und diese Qualen? Weil Gott sie dem Starken abverlangt, lautet die Antwort, die Schwachen würden sie nicht ertragen. Aber warum standhaft bleiben bis zum Schluß, wenn Gott den Ausgang doch längst kennt?, fragt ein anderer Kommentar. Und die Antwort: Gott kennt den Ausgang, ja, aber der Mensch kennt ihn nicht.

Abraham weiß, was auf dem Spiel steht: Nicht nur das Leben Isaaks, sondern auch das Leben Gottes – und mit dem Leben Gottes auch sein eigenes Leben, das Leben Abrahams. Abraham weiß, mit dem Opfer seines Sohnes opfert er sein gesamtes Wissen von Gott und mehr noch: seinen Glauben an Gott. Wenn Isaak, der Sohn, stirbt von Abrahams, des Vaters Hand, wen hat Abraham dann noch, seinen Glauben an Gott weiterzugeben? Wie soll Gott dann noch weiter leben, wenn kein Mensch mehr an ihn glaubt?

Abrahams Angst ist eine Angst, die bedrückender und zerstörender nicht sein könnte: Ich hätte also umsonst gelebt, ich hätte also umsonst gelitten und umsonst leiden lassen. Elie Wiesel schreibt: *„Die Prüfung hat hier eine doppelte Bedeutung: Gott läßt sie Abraham erleiden, und zugleich läßt Abraham sie Gott erleiden. Wie wenn Abraham sagte: Ich fordere dich heraus, Herr, ich werde mich deinem Willen unterwerfen, aber wir werden sehen, ob du bis zum Äußersten gehst, ob du es tatsächlich geschehen läßt, ob du stumm bleibst, wenn das Leben meines Sohnes, der auch dein Sohn ist, auf dem Spiel steht?"*

Eine weitere Frage bleibt, auf die es nur schwer eine Antwort gibt: Warum hat Abraham seinem Sohn Isaak nichts gesagt? Warum läßt der Vater die Spannung für beide bis zum Äußersten kommen – und bleibt seinem eigenen Sohn gegenüber stumm? *„Weil der Befehl zur Opferung Isaaks eine Angelegenheit zwischen Gott und Abraham war, sie ging niemand etwas an, nicht einmal Isaak"*, gibt Wiesel zur Antwort.

Das Unerträgliche an dieser Spannung, die mit jedem stummen Handgriff von Vater und Sohn noch wächst, ist also gar nicht nur ihre Sprachlosigkeit, – Isaak fragt ja beim gemeinsamen Stapeln des Scheiterhaufens den Vater, wo denn das Opferlamm sei, und er bekommt die Antwort, die für sich selbst Bände spricht, *Gott* wird sich sein Opfer selbst auswählen – nein, die eigentliche Spannung, welche die Kommentare bis zum Bersten schüren, ist diejenige zwischen der radikalen Einsamkeit von Vater und Sohn inmitten ihres gemeinsamen Schicksals einerseits und ihrer ebenso absoluten Zusammengehörigkeit, Verbundenheit und Gemeinsamkeit andererseits. Aber nicht nur das: ebenso einsam ist dabei Gott – und ebenso unlösbar mit ihnen verbunden ist Gott. Elie Wiesel schreibt: *„Der eine ist da, um zu schlachten, der andere, um geschlachtet zu werden. Und beide besitzen die gleiche Ergebenheit dem gleichen Gott gegenüber und antworten dem gleichen Anruf. Die Opferung sollte ihre gemeinsame Opfergabe sein, noch nie waren Vater und Sohn so eng miteinander verbunden. … Abraham und Isaak sind trotz ihrer gegensätzlichen Rollen gleich, der eine ist das Opfer, der andere opfert. Aber wessen Opfer ist Abraham? Gottes Opfer. Das Schlüsselwort lautet auch hier: miteinander. Miteinander sind sie Opfer. Miteinander bringen sie Feuer und Holz. Miteinander errichten sie den Altar.“*

Und dieses Miteinander bedeutet immer auch: Mit IHM. Aber wie kann Gott selbst zum Opfer werden? Wessen Opfer? Gott wird zum Opfer von Abraham, sagt ein Kommentar. Aber wie? Durch Abrahams Treue! *„Abraham war wirklich barmherzig, nicht so sehr Isaak, als vielmehr Gott gegenüber. Abraham hätte Gott beschämen und anklagen können, aber er tat es nicht. Er unterwarf sich während des ganzen Weges und noch viel länger Gottes Willen und bewies dadurch seinen Glauben an Gott – und seine Barmherzigkeit. Abraham hat die Partie gewonnen, und Gott liebt es, wie der Kommentar sagt, von seinen Kindern besiegt zu werden.“*

Wie hat Abraham Gott besiegt? Wie hat er ihn zum Opfer seiner eigenen Barmherzigkeit werden lassen? Isaak ist auf dem Altar gefesselt, und sein Vater erhebt das Messer über ihm, um ihn in seiner Treue zu Gott als Opfer darzubringen. Weil dieses Opfer auf dem Berg Morija dargebracht werden soll, auf dem später der Tempel erbaut werden wird, wird Isaak einen Augenblick lang die Zukunft offenbart: Isaak sieht in einer Vision den Tempel, wie er zerstört und wieder aufgebaut wird. Damit wird das Geschehen eines einzelnen urplötzlich zur Geschichte Israels. Es bekommt nicht nur eine historische, sondern auch eine metaphysische Dimension. Denn für uns Christen ist dieses Bild von Zerstörung und Wiederaufbau des Tempels unübersehbar ein Vor-Bild des Todes und der Auferstehung Jesu. Isaaks Schicksal ist also nicht nur das Schicksal Israels. Es ist auch unser Schicksal und wird es immer bleiben.

Wiesel kommentiert: *„Auf dem Höhepunkt seiner Prüfung begreift Isaak, daß das, was mit ihm geschieht, auch mit anderen geschehen wird, diese Geschichte wird kein Ende haben, seine Kinder werden sie immer wieder durchstehen müssen."* Nicht Abraham, sondern der von ihm zum Opfer hingegebene Sohn Isaak wird hier zum Vater des Volkes Israel, ja des ganzen Gottesvolkes: nicht als der Geopferte, sondern als der alle Qualen, Ängste und Schrecken Überlebende: *„Der auf dem Altar ausgestreckte Isaak fesselt unsere Aufmerksamkeit. Wir betrachten ihn mit Abraham, der ihm in die Augen schaut und weint. Abrahams Tränen fließen in die Augen seines Sohnes und hinterlassen eine Spur, die nichts mehr auslöschen wird. Er weint so heftig, daß ihm das Messer aus der Hand und auf den Boden fällt. Dann, erst dann stößt er einen Angstschrei aus, und erst dann reißt Gott den Himmel auf, wo Isaak die unsichtbaren Heiligtümer der Schöpfung und die Chöre der Engel erblickt, die in die Klage ausbrechen: Allein ist der Schlächter, wie der, den er schlachtet, allein ist. Alle Welten aller himmlischen Sphären sind aufgewühlt. Isaak ist der Mittelpunkt des Universums. Er darf nicht sterben, nicht jetzt und nicht so. Und er wird nicht sterben. Ein Engel ruft mit lauter Stimme: „Rühre deinen Sohn nicht an, Abraham. Isaak muß leben."*

Erlösende Botschaft im letzten Moment – aber Abraham erlöst sie noch lange nicht. Der Engel soll ihm beweisen, daß er nicht vom Teufel gesandt ist, daß das Ganze nicht nur ein mieser Trick, nichts als ein weiteres Ablenkungsmanöver sei, Abrahams Treue und Gottes Plan zu verhindern: *„Gott hat mir befohlen, ihm meinen Sohn zu opfern, deshalb ist es an ihm selbst, seinen Befehl zurückzunehmen ohne Mittelsmann."* Da muß Gott von neuem dem Abraham nachgeben – und letzten Endes ist es Gott selbst, der Abraham verbietet, seinen Sohn Isaak anzurühren.

Ein zweiter Sieg für Abraham über Gott, aber damit gibt er sich noch nicht zufrieden! Abraham erinnert Gott an seine Verheißung, daß seine Nachkommen zahlreich sein werden wie die Sterne am Himmel und der Sand am Meer. Und dann tritt Abraham für seine Nachkommen ein und sagt zu Gott: *„Siehst du Herr, soeben hätte ich dich darauf aufmerksam machen können, daß dein Befehl (meinen Sohn Isaak zu töten) im Widerspruch steht zu deinem Versprechen (daß meine Nachkommen zahlreich sein sollen). Aber ich habe meinen Schmerz zurückgehalten und kein Wort gesagt. Aber zum Ausgleich will ich, daß du mir versprichst: Daß auch du nichts sagen wirst, wenn meine Kinder und Kindeskinder in allen späteren Generationen gegen dein Gesetz und deinen Willen verstoßen." – „So sei es", spricht die Stimme Gottes, „es genügt, daß sie diese Geschichte erzählen – und* alles *wird ihnen verziehen werden."*

„... und alles wird ihnen verziehen werden." Hören wir da nicht – gleichsam als Fortsetzung und Bestätigung der Bitte Abrahams an Gott, all seinen Nachkommen zu verzeihen – die Worte Jesu am Kreuz: *„Vater, vergib ihnen, denn sie wissen nicht, was sie tun"*? Ist dies nicht ein Testament der Treue Jesu zu seinem jüdischen Volk und zum Erbarmen des Vaters, das ohne Grenzen und ohne Ende ist?

Kommen wir abschließend auf die Frage des Anfangs zurück: Furcht und Glauben, Furcht und Herausforderung, Furcht und Lachen. Daß der Glaube Abrahams selbst vor einer intensiven Auseinandersetzung mit Gott über dessen Gerechtigkeit nicht Halt macht, haben wir gesehen. Bis zu welchen scheinbar absurden Extremen Gott den Glauben und die Treue Abrahams und Isaaks herausfordert, haben wir ebenfalls erkannt – wie auch die Früchte dieser scheinbar absurden Form der Treue, die nichts anderes sind als das alles umfassende Erbarmen. Aber warum Furcht und *Lachen*? Nur des eigenartigen Namens ‚Jitzchak' wegen? Hören wir, was Elie Wiesel über Furcht und Lachen als Erklärung von Isaaks Namen, von Isaaks Schicksal und seiner Treue zu Gott sagt: *„Warum trägt Isaak, das Urbild unseres tragischen Schicksals, einen so unpassenden Namen, einen Namen, der Lachen auslöst und Lachen bedeutet? Dies ist der Grund, … daß es möglich ist, ein ganzes Leben lang zu leiden und zu verzweifeln, und dennoch nicht auf die Kunst des Lachens zu verzichten. Sicher vergißt Isaak niemals den Schrecken jener Szene, die seine Jugend zerstört hat. Er wird sich immer an den Holocaust erinnern und bleibt gezeichnet davon bis ans Ende der Zeiten. Aber trotzdem ist er fähig zu lachen. Und er lacht auch. Trotz allem."*

Lachen schafft Distanz, das Unerträgliche erträglich zu machen. Lachen überwindet die Gefahr, angesichts der eigenen Tragödie in Selbstgerechtigkeit und Selbstmitleid zu verfallen. Lachen meistert das Unausweichliche jeder Situation. Lachen ist schließlich jene Frucht des Glaubens, von der Jesus in seiner Abschiedsrede spricht: *„Das habe ich euch gesagt, daß meine* Freude *in euch sei, und damit eure Freude vollkommen werde" (Joh 15,11).*

Der barmherzige Vater und sein verlorener Sohn

Ungehorsam als Todessehnsucht

Das Gleichnis vom barmherzigen Vater und seinem verlorenen Sohn, oder genauer gesagt von seinen beiden verlorenen Söhnen, findet sich nur bei Lukas (15,11–33), dem Evangelisten der Armen und der Kranken.

Es beginnt mit den Worten: *„Ein Mann hatte zwei Söhne. Der jüngere sprach zum Vater: Vater, gib mir den Anteil an Vermögen, der mir zusteht. Da teilte er seine Habe unter sie auf.“*

Warum besteht der jüngere Sohn vorzeitig auf seinem Teil? Ihm wäre ohnehin sein Erbteil zugefallen beim Tod des Vaters – als dessen unverdiente Gabe. Mit dem Anspruchsdenken des Sohnes, das er hier an den Tag legt, ist freilich mehr ausgesagt als Ungehorsam gegenüber den Geboten Gottes und Emanzipation von der Autorität des Vaters. Das Erbe vorher zu beanspruchen heißt, nichts anderes als zu wünschen, der Vater wäre tot.

Die bestehende Realität des Vaterhauses ist dem Sohn also verhaßt. Er kann den Vater nicht mehr ertragen – und auch das Vaterhaus und das Vaterland nicht mehr. Der Text sagt: *„Nicht lange danach packte der jüngere Sohn alles zusammen und zog in ein fernes Land.“* Man sieht an diesem nüchternen Satz, wie verfeindet ein Mensch mit sich selbst sein kann, um sich zu einem Schritt von derartiger Brutalität zu entschließen. Denn der Weg ins Ausland bedeutet den Abstieg ins Elend. Das deutsche Wort „Elend“ kommt von Exland oder Ausland.

Es geht hier also um mehr als um jene Weltreise, von der junge Menschen träumen, falls sie zu Geld kommen.

Es geht um die radikale Verweigerung der gegenwärtigen Situation. Das Wort „Gegenwart" kommt von entgegenwarten im Sinn von etwas glauben und erhoffen. Die Ablehnung der Gegenwart bedeutet also Glaubenslosigkeit und Hoffnungslosigkeit in ihrer intensivsten und umfassendsten Form. Aber mehr noch: Die Ablehnung der Gegenwart des Vaters und seines Hauses besagt auch die Auflehnung gegen jede Form der Vergangenheit: gegen die Tradition der Familie und des Volkes, also auch gegen jedes durch die Geschichte geprägte religiöse Brauchtum, gegen jegliche Erziehung und Bildung.

Aber auch das ist noch nicht alles. Der Text sagt weiter: *„Dort vergeudete er sein Vermögen durch ein zügelloses Leben."* Nicht nur jede äußere Bindung an die Vergangenheit soll ausgerottet werden durch das Verschleudern des Vermögens, sondern auch jede Erinnerung daran muß verdrängt werden. Jeder Zugang zu einer inneren Ordnung wird vernichtet durch ein „zügelloses Leben".

Wir können nicht einmal sagen, ein solcher Lebensstil bedeutet Chaos als Programm. Er bedeutet mehr: ohnmächtige Wut über die erlittenen Verletzungen – Wut, die sich ausdrückt in totaler Resignation. Das aber heißt Verdrängung der Vergangenheit, Verweigerung der Gegenwart und keinerlei Aussicht auf Zukunft. Auch von Gott ist nichts mehr zu erwarten.

Die Orientierungs- und Energielosigkeit des jüngeren Sohnes wird noch verschärft durch die innere Situation jenes fernen Landes, in das er sich begeben hat: Es erweist sich als alles andere als das Gelobte Land, in dem Milch und Honig fließen. Der Text sagt: *„Als er alles aufgebraucht hatte, entstand eine große Hungersnot in jenem Lande, und mehr und mehr litt er Mangel."* Die innere und die äußere Öde ergänzen einander zu einem gähnenden Nichts. Sie stehen für die Haltlosigkeit des heimatlosen, gottfernen Menschen.

Der jüngere Sohn muß seinen Heißhunger nach Liebe auf andere Weise zu stillen suchen. Er spürt, daß diese Suche vergeblich sein wird. Umso intensiver muß er suchen, um sich die Vergeblichkeit seiner Suche nicht einzugestehen. Alle Versuchungen sind ihm recht, den Schmerz des Verlustes und den Hunger nach dem Eigentlichen zu übertönen. Der Text sagt: *„Da ging er hin und verdingte sich bei einem der Bürger jenes Landes"*. Er ist seines Menschseins so überdrüssig, daß er sogar seine menschliche Würde vermarktet. Er veräußert sich selbst als Ware: *„Er verdingte sich"*.

Der Text sagt weiter: *„Der schickte ihn auf seine Felder, Schweine zu hüten. Gern hätte er sich sogar von den Schoten gesättigt, welche die Schweine fraßen, aber niemand gab sie ihm*". Der Verzicht auf die menschliche Würde geht soweit, daß der jüngere Sohn sich mit der Befriedigung der tierischen Grundbedürfnisse abfinden würde. Aber selbst die werden ihm verweigert. Was sind diese tierischen Grundbedürfnisse des Menschen, denen er hinterherjagt, weil er meint, ohne sie käme er nie auf seine Kosten?

Es gibt eine Sehnsucht, die Gott in das Herz des Menschen gelegt hat, und die auf Gott selbst ausgerichtet ist. Wie die Zugvögel durch einen inneren Kompaß wissen, wann sie in welche Richtung zu ziehen haben, ist dieser Sehnsucht zu folgen die eigentliche Orientierung des Menschen. Aber diese Sehnsucht will ausgehalten werden. Dazu hat der Mensch von Gott die Gabe des freien Willens und des Glaubens an den Einen Gott erhalten. Er braucht nicht auf alle „Götter" oder Versuchungen hereinzufallen, die sich ihm auf seinem Weg anbieten. Verliert oder verleugnet der Mensch aber den Glauben, so verliert er auch die Geduld, die Sehnsucht nach Gott durchzustehen. Das hat die Schlange ausgenutzt mit ihrem Satz: *„Ihr werdet sein wie Götter."* Der Mensch verfällt jeder Versuchung zur schnellen Bedürfnisbefriedigung: Die Sehnsucht wird zur Sucht. Was auf Freiwilligkeit und Liebe beruhte, wird zu Zwang und Haß. Vertrauende freiwillige Abhängigkeit von Gott und Menschen wird zur zwanghaften Konkurrenz. An die Stelle von Liebe und Dienstbereitschaft tritt das Streben nach Reichtum und Prestige, nach verschwenderischem Genuß beim Essen und Trinken, nach sexueller Befriedigung ohne Unterscheidung von Liebe und Lust. Wer der Sucht verfällt, hat nicht nur die Orientierung durch die Sehnsucht verloren, sondern auch die Kontrolle über sich selbst durch den Verlust des freien Willens.

Am Beispiel der verlorenen Söhne ist das gut abzulesen. Auch nachdem der jüngere *„sein Vermögen vergeudete durch ein zügelloses Leben"*, bleibt die Suchtstruktur seines Herumirrens erhalten: Er sucht Liebe und Anerkennung oder wenigstens ein Auskommen und ein Unterkommen, wo sie nicht zu erhalten sind. Seine Enttäuschung und seine Verfremdung wachsen ins Unermeßliche.

Am äußersten Tiefpunkt angekommen, geht der jüngere Sohn endlich *„in sich"*, wie der Text sagt. Er will seinem Vater bekennen: *„Vater, ich habe gesündigt gegen den Himmel und vor dir."* Aber auch in diesem ernst gemeinten Umkehr-Vorsatz steckt unbewußt noch das Kalkül der Sucht. Er will den Vater im Griff behalten, indem er als Tagelöhner für ihn arbeitet – und dafür von ihm entlohnt werden muß. Er will sich um keinen Preis etwas schenken lassen. Denn dadurch würde er sich in eine neue Abhängigkeit begeben. Und mehr noch: Wenn er zum Vater zurückkehrt und bekennt, daß er vor ihm gesündigt hat, dann *muß* ihm verziehen werden, und er *muß* wieder aufgenommen werden! Wir sehen, es gibt auch ein religiöses Kalkül und eine geistliche Suchtstruktur! Man kann sich die Gnade gefügig machen wollen, ohne das zu bemerken.

Der Schlüsselsatz der Rede an den Vater, die sich der Sohn zurechtlegt, ist zweifellos der auf das Sündenbekenntnis folgende: *„Ich bin nicht mehr wert, dein Sohn zu heißen – halte mich wie einen deiner Tagelöhner!“* Hier zeigt sich zumindest der Rest einer tiefinneren Identität, Sohn des Vaters zu sein und zu bleiben. Die uns von Gott als seinem Ebenbild gegebene Identität bleibt auch durch den Versuch, den Vater-Gott zu töten, unberührt.

Erst als dem Sohn dämmert, daß er kein Schwein ist, sondern ein Mensch, beginnt etwas Neues für ihn. Wie „tief“ das geht, erkennen wir daran, daß es sein Magen ist, der ihm zuknurrt, daß er in dieser geradlinigen Orientierung auf den Tod nicht weiterleben kann.

Aber die Zweischneidigkeit der Umkehr ist mit dem Teilgeständnis der Zugehörigkeit zum Vater als dessen Sohn noch nicht überwunden. Die Suchtstruktur ist noch lange nicht aufgehoben. Sie hält ihn so fest, daß er in der Illusion gefangen bleibt, er müsse alles wieder in den Griff bekommen. *„Ich bin nicht mehr wert, dein Sohn zu heißen“* ist nämlich ein Werturteil – und was für eines! Hier offenbart sich das Zwanghafte seiner Existenz. Die Würde des Sohn-Seins muß verdient werden durch Leistung und Wohlverhalten! Wir verstehen plötzlich, warum es diesem jüngeren Sohn eines Tages „gereicht“ hat: Warum ihm das ständige Jasagen gereicht hat. Der Vater sollte gefälligst bald sterben – aber erst, nachdem er das Erbteil des Sohnes herausgerückt hat.

Durch dieses Schlaglicht auf die Lebensgeschichte des Jüngeren erkennen wir aber noch mehr, womöglich noch

Grausameres. Seine Suchtstruktur hat ihn fest in ihrem lebensbedrohlichen Würgegriff: Er hat zwar in das Konzept seiner Rede an den Vater ein massives Schuldgeständnis eingebaut, aber er ist gar nicht fähig zu echter Reue, die alles von der Erkenntnis des eigenen Nichts-Seins und vom Erbarmen des Vaters erwartet. Denn was der Sohn dem Vater mit dem Schlüsselsatz: *„Ich bin nicht mehr wert, dein Sohn zu heißen"*, anbietet, ist noch keine echte Reue, sondern eine Art Selbstdedienungsreue: Die lebendige Beziehung des Sohnes zum Vater und das Vertrauen auf sein Erbarmen sind buchstäblich auf der Strecke geblieben. Durch die Gefangenschaft in der Suchtstruktur kann der Sohn sich nicht bedingungslos in die Arme des Vaters werfen. Für eine lebendige Beziehung zum Vater ist seine innere Lähmung viel zu intensiv. Darum kann er auch dem Vater nicht vertrauen, ihm nicht sein Herz über jenen Abgrund des Mißtrauens werfen, der die beiden voneinander trennt.

Schnell muß der Sohn im Entwurf seiner Rede an den Vater noch den Satz nachschieben: *„Halte mich wie einen deiner Tagelöhner!"* Er will gehalten werden, ja! – aber nicht in der Würde des Sohnseins, die ihm gleichzeitig unerreichbar, weil unverdienbar erscheint, und die ihn wie eine Umklammerung bedroht. Er will auch von der befreienden und erlösenden Umarmung eines liebenden Vaters nichts wissen – weil er zwar Sehnsucht danach hat, aber sich nichts darunter vorstellen kann, weil er sie nicht verdient hat. Und also muß der Tagelöhner-Vertrag unterschrieben werden. Ein solch weitgehend anonymes Bündnis traut der Sohn sich und dem Vater zu.

Dieses Bündnis aber ist noch kein Bund. Es besagt eindringlich: Ich brauche Dir für nichts zu danken. Ich werde mir auch nichts zuschulden kommen lassen. Eher schuldest Du mir etwas. Daß der Sohn damit etwas festgehalten haben möchte, worunter er während seiner ganzen Kindheit litt, ist ihm im Eifer des Gefechts gar nicht bewußt geworden. Aber uns zeigt es, wie langwierig und wie hartnäckig Sucht sein kann: Wie unbewußt diese Sucht sich im Handeln, Denken und Fühlen eines Menschen zeigt. Sie wird zu einer Pseudo-Identität, welche die wahre Identität zu verdrängen und zu ersetzen droht.

Es gibt an dieser Rede des jüngeren Sohnes nämlich noch etwas Gespenstisches, das man allzu gern übersieht: Der Sohn ist noch gar nicht beim Vater zuhause, um mit ihm zu sprechen. Er ist noch immer im fremden Land mitten unter den Schweinen. Dort redet er mit sich selbst an Vaters Statt!

Das Gespenstische an dem Phantomgespräch des jüngeren Sohnes mit dem Vater ist sein Möchte-gern-Charakter. Wir wollen ihm gern glauben, daß er es ernst meint: das Schuldbekenntnis, das Unwertgeständnis, das Tagelöhner-Angebot sind wichtige Schritte in Richtung auf eine neue Wirklichkeit: Auf eine neue Beziehung zu Gott, zum Vater und zu sich selbst. Aber auch wenn er hundertmal in die Realität gelebter Beziehungen zurück möchte: Er kann es nicht. Wahrscheinlich hat ihm alles – bis hin zu seinem eigenen freien Entscheidungsvermögen – genommen werden müssen, bevor er sich in seiner ganzen Nacktheit und Leere erkennen kann. Aber auch dieser kreatürliche Zustand ist noch Gnade: eine außergewöhnliche Form der Gnade, Sohn des Vaters zu sein.

Das ändert freilich nichts an der Tatsache, daß das Doppelleben der Sucht mitgeht auf dem eingeschlagenen Weg ins Vaterhaus. So leicht läßt sie sich nicht abschütteln. Denn sie ist nicht einfach gleichbedeutend mit dem freiwillig-unfreiwilligen Aufenthalt in dem „fremden

Land". Dieses fremde Land hat sich ihm nicht nur an die Fersen geheftet, es ist ihm unter die Haut gegangen. Der Sucht verfallen zu sein, bedeutet in einem fremden Land zu sein, wo immer man sich befindet.

Der Mut der Verzweiflung, mit dem sich der Sohn auf den Heimweg ins Vaterhaus macht, bedeutet aber noch auf andere Weise einen Schritt in die richtige Richtung. Ich kann diesen Mut, der aus der Einsicht meiner Ohnmacht entspringt, nicht aufbringen ohne ein Minimum an Demut. Demut, sagt der heilige Thomas von Aquin, ist der Sinn für die Wirklichkeit: die gnadenhafte Erkenntnis, daß ich nichts bin und Gott alles ist. Daß der Jüngere aus dem Mut der Verzweiflung begonnen hat, den richtigen Weg zu gehen, dürfte ihm das Leben gerettet haben. Dabei kommt ihm die entscheidende Erkenntnis entgegen: Wenn ich ein Nichts bin und der Vater alles, dann brauche ich die Würde des Sohnseins nicht mehr zu verdienen.

Wie reagiert der Vater auf die genau kalkulierte und doch immer wieder von Möchte-gern-Phantasien durchkreuzte Heimkehr seines Sohnes? Der Text sagt: *„Er war noch weit entfernt, da sah ihn sein Vater. Von Mitleid gerührt ging er ihm eilends entgegen, fiel ihm um den Hals und küßte ihn."* Ich kann einen Menschen, der *„noch weit entfernt"* ist, nicht sehen, wenn ich nicht beharrlich nach ihm Ausschau halte, ständig und inständig seine Heimkehr ersehne. Wie viele Tage, Nächte, Wochen, Monate, Jahre, Sommer und Winter war der Sohn eigentlich unterwegs?

Entscheidend für das Aushalten des Mark und Bein durchbohrenden Schmerzes ist das Mitleiden des Vaters. Mitleiden ist kein Gefühl, in dem ich mir gefallen kann, bis ich es wieder ausziehe wie ein altes Hemd. Mitleiden ist die *compassio* des Vaters mit der Gebrochenheit und

Verlorenheit der Söhne. Darum hat er seine Passion auf sich genommen und sich ans Kreuz nageln lassen. Nicht um die Menschen zu richten oder auch nur zu beschämen, sondern um sie zu retten; sie von ihren Sünden – ihrer Absonderung vom Vater und von einander – zu erlösen.

Die körperliche Umarmung des Vaters mit dem Sohn und ihr Kuß bedeuten so gesehen neue Fruchtbarkeit, neues Leben. Es ist ein Akt der Neuschöpfung, der die vernichtende Auflehnung Adams gegen den Schöpfer zunichte macht. *„Felix culpa – glückselige Schuld, die einen so großen Erlöser fand"*, singen wir im Exsultet der Osternacht. Was folgt, ist Feiern – und diese Feier hat tatsächlich die Dimensionen von Ostern.

Ist es Ironie des Evangelisten Lukas, daß er den Sohn mit seiner wohlgesetzten Rede an den Vater einfach stehen läßt? Der Vater ist real gegenwärtig – aber er reagiert mit keinem Wort! Eindrücklicher als durch diese Stille hätte Lukas die abgrundtiefe Verlorenheit des Sohnes und das noch tiefer reichende Erbarmen des Vaters nicht zum Ausdruck bringen können. Die Ewigkeit ist auf einen Augenblick konzentriert. Erst aus dieser Stille läßt sich der ganze Jubel des nun anbrechenden Festes erahnen.

Der Vater gebietet den Knechten als erstes, ein Feierkleid, und zwar das beste, herauszuholen, um es dem Sohn anzuziehen. Denn der Sohn verharrt noch immer in Lumpen an der Schwelle. Das Haus des Lebens ist also noch immer nicht von ihm betreten. Der Vater nötigt ihn auch nicht dazu.

Aber im Feierkleid, das nach dem Brauch weiß gewesen sein dürfte, sehen die Kirchenväter die Taufe: das Hineingehen in Tod und Auferstehung Jesu. Auf *diese* Weise kommt der Sohn in das neue, das ewige Leben im Haus des Vaters.

Im Ring, der dem Sohn auf Geheiß des Vaters an die Hand gesteckt wird, sehen die Kirchenväter den Bundesschluß. (Im Französischen bedeutet *„alliance"* gleichermaßen Bund und Ehering als Zeichen des Bundes.) Gemeint ist die durch nichts zu erschütternde Treue Gottes zu den Menschen und das Angebot seiner Freundschaft.

Die Schuhe, welche die Knechte dem Sohn anziehen sollen, dürften einen Schutz der Affektivität des Sohnes darstellen, damit die erlittenen Wunden und Schrunden durch das *„zügellose Leben"* langsam, aber sicher heilen. Die Füße sind im Biblischen ein Synonym für die gesamte untere Körperhälfte einschließlich der Sensibilität, Affektivität und Sexualität. Vor dem letzten Abendmahl wird Jesus dem Petrus die Füße waschen, damit Petrus den Menschen dienen kann, *„wie ich euch geliebt habe":* In Reinheit ohne Hintergedanken des Habenwollens und Herrschenwollens, das heißt ohne jedes Kalkül von Leistung und Verdienst.

Sicher hatte der Sohn selbständig die Entscheidung treffen müssen, von seinem Leben mit den Schweinen sich aufzumachen zum Haus des Vaters. Aber wir hatten gesehen, *„aus ganzem Herzen, mit ganzer Seele, mit all deiner Kraft und all deinem Sinnen und Denken"* geschah das keineswegs. Dazu war der Sohn noch viel zu verwundet, verloren, verbittert, zerrissen und zerstreut – eher dem Tod auf der Spur als auf dem Weg zur Wahrheit und zum Leben. Ein Reflex innersten Hungers hatte ihn schließlich auf den Weg gebracht. Wir können auch sagen, es war der Heilige Geist, der trotz Chaos und Leere gegenwärtig war in ihm. Denn der Vater hatte ihn in dieses Herz eingesenkt „von *allem Anbeginn*". Das aber bedeutet: Die Initiative zur Heimkehr des verlorenen Sohnes ins Vaterhaus geht nicht vom Sohn aus, sondern einzig von der liebenden Sorge des Vaters und seines grenzenlosen Erbarmens, das sich den Menschen mitteilt im Heiligen Geist und selbst Mensch geworden ist in seinem Sohn Jesus.

Im Mastkalb, das der Vater schlachten läßt, dürfen wir mit den Kirchenvätern die Selbsthingabe Gottes als das geschlachtete Opferlamm sehen, das hingeschenkt wird aus Liebe zu den Freunden.

Im Jubel dieser Feier brechen Glaube und Hoffnung des Sohnes neu hervor. Als eine Ahnung sind sie immer mit ihm gezogen bis in die finstersten Winkel des fernen Landes. Sie waren mit ihm in der Person des Heiligen Geistes. Der Heilige Geist ist der einzig wahre Tröster, aber er ist ein diskreter Tröster, wie der Dominikaner Tauler sagt. Der verlorene Sohn hat seine Stimme geflissentlich überhört auf all seinen Irrwegen. Aber der Heilige Geist hat sich dadurch nicht beirren lassen! Er hat den Sohn auf krummen Wegen geradewegs bis an die Schwelle des Vaterhauses geleitet.

Als ihm das weiße Kleid zum Fest angezogen wird, beginnen Musik und Tanz unüberhörbar an sein Ohr und in sein Herz zu dringen: Der Pakt mit Selbstmitleid und Todessehnsucht ist gebrochen. Es ist der Glaube mit der Kraft des Heiligen Geistes, der ihn über die Schwelle des Hauses trägt wie der Bräutigam die Braut.

Oder doch nicht? Denn da ist noch der ältere Sohn! Er bleibt der Außenstehende. Er ist der Schatten über dem Fest. Aber ist dieser ältere Sohn nicht ein Vorbild der Pflichterfüllung? Ein Muster an Tugend? Der stets dienstbereite Mitarbeiter des Vaters? Und doch: Was macht diesen Älteren dem Jüngeren gegenüber so schemenhaft finster, bei aller Zuverlässigkeit so ungreifbar? Was läßt den Jüngeren so sympathisch bemitleidenswert erscheinen – und den Älteren so unsympathisch bewundernswert?

Der Text sagt: *„Sein älterer Sohn war unterdessen auf dem Felde. Als er heimkam und sich dem Hause näherte, hörte er Musik und Reigentanz. Da rief er einen von den Knechten herbei und erkundigte sich, was das bedeute."* Der Ältere ist also erstaunt, daß man etwas in Szene gesetzt hat ohne sein Wissen. Die Angst meldet sich, daß er ausgeschlossen wird, nicht nur hintergangen, sondern einfach übergangen. Der Ältere wittert schon, was der Knecht sagen wird, wer hinter diesem Fest steckt: *„Der (Knecht) sprach zu ihm: Dein Bruder ist heimgekehrt. Darum hat dein Vater das Mastkalb geschlachtet, weil er ihn gesund zurück erhalten hat. Da war jener (Ältere) zornig und wollte nicht hineingehen …"* Das hatte ihm gerade noch gefehlt! Daß der Jüngere von all seinen Ausschweifungen kerngesund wieder auftaucht – und daß er für seine „Heldentaten" auch noch öffentlich gelobt und belohnt wird! Etwas Schlimmeres konnte der Vater seinem Älteren, der tagein tagaus für ihn geschuftet hat, nicht antun. Nicht nur hintergangen und übergangen hat man ihn, sondern in seiner ganzen Nichtswürdigkeit bloßgestellt. Und das alles durch den Triumph dieses Jüngeren, der ein Schwein ist, das von den Schweinen kommt, und ein Fremder, der sich aus einem fremden Land einschleicht.

Nein, er wird bestimmt nicht hineingehen und durch seine Anwesenheit den Vater und dessen Asylbewerber auch noch beglückwünschen zu ihrem Komplott gegen ihn! Henri Nouwen, dem ich wesentliche Anregungen zu dieser Arbeit verdanke, beschreibt seine sehr persönlichen Erfahrungen mit Selbstmitleid, Selbstverteidigung und deren Eskalation bis zum Verfolgungswahn: *„Außerhalb des Hauses Gottes werden Brüder und Schwestern, Männer und Frauen, Liebende und Freunde zu Rivalen und zu Feinden, pausenlos gequält von Neid, Argwohn und Wut. … Ich kenne* *die Qual dieses Zustands. Dabei verliert alles seine Spontaneität. Alles ist voller Vorsicht, Verdacht, Verstellung, Berechnung. Es gibt kein Vertrauen mehr. Jeder Zug fordert einen Gegenzug heraus, jede kleine Bemerkung muß analysiert, jede kleine Geste auf die Waage gelegt werden. Das ist die Pathologie der Finsternis.*" (Nimm sein Bild in dein Herz, Freiburg 1990, S. 100f).

Ein Schlüssel zum Verständnis dieser „Pathologie der Finsternis" des Älteren ist sicher sein uneingestandener Neid auf den Jüngeren. Der Ältere verachtet den Jüngeren, weil der ein Sünder ist. Aber könnte es nicht sein, daß er ihn gerade um diese Sünden beneidet – und natürlich auch um die vom Vater empfangene Vergebung? Der Jüngere hat sich am hellichten Tag mit Leichtigkeit geleistet, wovon der Ältere nicht einmal zu träumen wagt in der Schwermut seiner Nächte. Dieser dem Vater getreulich dienende ältere Sohn ist der ewig Zukurzgekommene. Er wird nie genug bekommen, weil er gar nicht genug bekommen kann. Er muß sich das auch immer wieder selbst beweisen: Keiner liebt ihn, er ist nur dazu da, die Dreckarbeit zu machen. Er kommt gerade verstaubt vom Feld – und zu feiern begonnen hat man ohne ihn. Weiße Kleider, teure Ringe und Schuhe sind für den anderen da. Sie bleiben dem Jüngeren vorbehalten. Wie sollte es auch anders sein?

Wie der jüngere Sohn in seinem unersättlichen Tatendrang zum Opfer seiner Suchtstruktur geworden ist, so ist der Ältere in seinem ständigen Agieren für den Vater schließlich zum Opfer seiner Klagelieder gegen ihn geworden. Dieses Klagen entfaltet unbemerkt seine eigene Dynamik. Es wird zu einer Sucht eigener Art: Jede Fähigkeit, sich zu freuen an dem, was ist, wird von Grund auf zerstört.

Man denkt an die *Akedia* der Wüstenväter. An den Überdruß an allem, was ist, und an das ebenso ausschweifende Träumen von dem, was nicht ist. (Darüber mehr im nächsten Kapitel.) Sicher hätte der ältere Sohn gegen ein Fest in Saus und Braus mit vielen schönen Frauen absolut nichts einzuwenden gehabt. Aber es müßte stattfinden auf seine Initiative und nach seiner Regie – und mit sich selbst als Hauptdarsteller!

Sehnsucht nach Liebe kann merkwürdige Blüten treiben, vor allem dann, wenn die Sehnsucht zur Sucht wird, sich also der Kontrolle durch Wille und Glaube entzieht. Aber in der Tiefe unseres Daseins bleibt es doch immer die eine Sehnsucht nach der einen Liebe. Weil Gott diese Sehnsucht in unser Herz gesenkt hat, bleibt es die Sehnsucht nach der Liebe Gottes.

Der Vater weiß das. Darum kommt er dem älteren Sohn genauso entgegen wie dem jüngeren. Er verläßt das Haus und das Fest, um seinen Sohn in sein Haus und zu seinem Fest zu laden. Er liebt den älteren Sohn mit derselben Liebe wie den jüngeren. *„Sein Vater kam heraus und redete ihm zu"*, sagt der Text. Der Vater läßt sich also durch den Widerwillen des Außenstehenden nicht provozieren. Er verteidigt seine Feier für den Jüngeren nicht. Er gibt auch keine Erklärungen ab. Er bleibt sich gleich in seinem Erbarmen, das ohne Ende ist.

Der Sohn aber ist unfähig, so viel Güte zu ertragen. Weil er sich selbst haßt, kann er die Liebe des anderen nicht an sich heranlassen. Er bleibt gefangen im Vergleichen – und Vergleichen macht einsam. Er pocht auf seine Leistung. Das ist für ihn sein einziger Wert. *„Er gab dem Vater zur Antwort: So manches Jahr diene ich dir schon, noch nie habe ich ein Gebot von dir übertreten."* Dann aber kommt die Forderung des Depressiven: *„Mir hast du nie* *ein Böcklein geschenkt, daß ich mit meinen Freunden feiere.*" Und es folgt die verbale Vernichtung des jüngeren Bruders: Er wird nur noch als „der" bezeichnet: *„Und jetzt, da der heimkam, der sein Hab und Gut mit Dirnen verpraßte, hast du für ihn das Mastkalb geschlachtet.*" Für „den" also ist das Beste gerade gut genug! Wie Kain seinen Bruder Abel aus Neid erschlug, um sich an dessen Stelle in die Gunst Gottes zu versetzen, will der Ältere an die Stelle des Jüngeren, um vom Vater geliebt und belohnt zu werden. Seine Aggression wird von Tag zu Tag zerstörerischer, verhärteter. Aber er kann seinen Hunger nach Liebe nicht eingestehen, weil er meint, sie nicht verdient zu haben.

Wie reagiert der Vater auf dieses Standbild aus Stein, das sich da vor seiner Tür aufgerichtet hat? Der Vater bezeichnet den älteren Sohn als: *„Mein Kind"* (das griechische Wort *teknon* ist eine Anrede voller Zärtlichkeit!) *„du bist immer bei mir, und alles, was mein ist, ist dein. Aber wir müssen doch feiern und uns freuen, denn dein Bruder war tot und kam wieder zum Leben, er war fort und hat sich wieder gefunden!"*

Mit diesen Worten endet das Gleichnis bei Lukas. Verzichtet Jesus auch hier darauf, zu werten und zu richten? Überläßt er den älteren Sohn seinem freien Willen – wie den reichen Jüngling, der *„traurig seines Weges ging"*? Oder dürfen wir annehmen, daß die Worte des Vaters: *„Du bist immer bei mir, alles was mein ist, ist dein"*, ihn hinein nehmen in das steinerweichende Mitleiden Gottes? Daß das Wort, das Fleisch geworden ist, auch sein Herz aus Stein wieder zu einem Herz aus Fleisch werden läßt, in das der Vater seinen Heiligen Geist gelegt hat? (vgl. Ezechiel 36,25–27)

Für jeden von uns ist es eine tägliche Entscheidung des freien Willens, in der Kraft des Heiligen Geistes das Herz aus Stein abzulegen und das Herz aus Fleisch anzunehmen, um zum Fest ins Vaterhaus zu gehen – oder weiter in der Finsternis zu versteinern. Aber wir müssen auch wissen, daß wir Gott damit weh tun, wenn wir seine Einladung ausschlagen. In seiner Liebe zu jedem von uns ist er unserem Ja oder Nein schutzlos ausgeliefert, wie er sich bei seiner Geburt in Betlehem wehrlos und hilflos dem Erbarmen der Menschen auslieferte. Er hat das Risiko seiner Menschwerdung, das er mit seinem Leben bezahlt hat, auf sich genommen, um uns Menschen zu finden und sich von uns finden zu lassen.

So verstanden stellen die beiden Söhne des Vaters, die im Grunde nichts anderes sind als verschiedene Aspekte derselben Person, ein Urbild der Kirche dar, die trotz aller äußeren Irrungen und Wirrungen und trotz aller inneren Widerstände und Zerreißproben immer die Familie der geliebten Kinder der Vaters bleiben wird. Ob Sucht und Flucht in das Elend der Fremde wie beim jüngeren Sohn oder ob innere Emigration mit all ihren bitteren Früchten der Aggression und der Depression wie beim älteren – immer wird ein liebender Vater mit einem offenen Herzen sich nach unserer Heimkehr sehnen, um uns zum Fest zu laden.

3. Kapitel

„Wir haben unsere Hoffnung auf den lebendigen Gott gesetzt“

Hoffnung als Wegweisung kirchlichen Lebens

„Laßt euch nicht abbringen von der Hoffnung des Evangeliums“

Der Heilige Geist als Gabe der Hoffnung

Jemand hat sagen können, von Gott kann man nichts anderes erhoffen als Gott. Wir beten um alles Mögliche. Und wir finden, daß der liebe Gott kein „lieber“ Gott mehr ist, wenn er unsere Gebete nicht genau so erhört, wie wir es von ihm erhofft haben. Oft fragen wir gar nicht, ob das, was wir erhoffen, tatsächlich gut für uns ist: Ob es das ist, was wir jetzt und hier brauchen. Wir täten sicher gut daran, *Gott* zu überlassen, was er uns geben will. Denn er hat uns geschaffen und erlöst. Er kennt uns in seiner Liebe besser als wir uns kennen können. Und also weiß er auch am besten, was wir jetzt und hier brauchen zu unserem Heil und unserer Heilung. Am meisten und am dringendsten brauchen wir sicher ihn selbst – mit allem, was er ist und hat. Darum sollten wir in unserem Gebet nie zu engherzig sein. Und darum sollten wir von Gott am besten Gott selbst erhoffen.

Aber ganz gleich, worum wir beten – wenn wir beten, dann hoffen wir schon! Denn wir werden keinen Menschen um etwas bitten, wenn wir nicht die Hoffnung hätten, daß er uns diese Bitte erfüllt. Um so mehr hoffen wir, daß Gott unsere Bitten erfüllt, wenn wir zu ihm beten. Darum sagt der heilige Kajetan, ein Kirchenlehrer, der den heiligen Thomas von Aquin kommentiert: *„Die Hoffnung erhofft Gott von Gott“* (Kom. S. T. II–II, 17,5). Das kann man auf verschiedene Art verstehen. Einerseits könnte es heißen, wenn ich von Gott den rechten Lebenspartner oder die passende Arbeitsstelle erhoffe, so richtet sich in meinem Gebet die Hoffnung darauf, daß Gott selbst und seine Liebe sich in den Menschen oder den Dingen offenbaren, die ich von ihm erbeten habe. Aber das ist noch nicht alles. Wenn die Hoffnung von Gott nur Gott erhoffen kann, dann ist damit gemeint, daß unsere Hoffnung nie zu festgelegt sein soll, sondern so weit gefaßt und so hochherzig, daß Gott unser Herz *ganz* erfüllen kann: Nicht nur mit Menschen und Dingen, sondern eben auch mit Gott. Hoffnung und Gebet sind darum so eng miteinander verbunden, weil ich etwas ersehne, das mir geschenkt werden muß von einem anderen, weil ich es nicht selbst machen kann.

Was aber ist wahre Hoffnung, also mehr als sich ausdrückt in dem Satz: „Ich hoffe, daß es morgen nicht regnet“? Im Hebräischen der Bibel ist das Wort für „Hoffnung“ ursprünglich ein Ankertau. Der Hebräerbrief scheint darauf anzuspielen: *„An ihr (der Hoffnung) haben wir gleichsam einen Anker für unsere Seele, der sicher ist und fest und hineinreicht (in den Himmel), wohin als Vorläufer für uns Jesus eingegangen ist“* (Hebr 6,19.20). Auf dieser Grundlage definiert der *Katechismus der Katholischen Kirche: „Die Hoffnung ist jene göttliche Tugend, durch die wir uns nach dem Himmelreich und dem ewigen Leben als unserem Glück sehnen, indem wir auf die Verheißungen Christi* *vertrauen und uns nicht auf unsere Kräfte, sondern auf die Gnadenhilfen des Heiligen Geistes verlassen*" (KKK 1817).

Hier ist in wenigen Worten gleich eine ganze Reihe entscheidender Wirklichkeiten zusammengefaßt. Zunächst wird ausgesagt, daß Hoffnung wie Glaube und Liebe zu den göttlichen Tugenden gehört. Der Katechismus sagt: *„Die göttlichen Tugenden befähigen die Christen, in Verbindung mit der Heiligen Dreieinigkeit zu leben. Sie haben den einen, dreieinigen Gott zum Ursprung, zum Beweggrund und zum Ziel*" (KKK 1812). Und weiter heißt es: *„Die göttlichen Tugenden sind Grundlage, Seele und Kennzeichen des sittlichen Handelns der Christen*" (KKK 1813). Daraus geht klar hervor: Unser Gewissen wird nicht nur durch den Glauben und die Glaubensinhalte gebildet, sondern auch durch die Hoffnung und die Liebe. Die Hoffnung hilft bei der Gewissensbildung, denn sie ist die Sehnsucht nach unserem Glück! Wir müssen nur sicher sein, *welches* Glück wir wirklich ersehnen. Es ist das Himmelreich und das ewige Leben. Es ist also nicht „Glück und Glas, wie schnell bricht das", sondern im Gegenteil eine beständige Wirklichkeit, die nicht erst nach unserem körperlichen Tod beginnt, sondern in der wir schon jetzt und hier leben, weil wir durch das Sakrament der Taufe bereits in Tod und Auferstehung Christi eingegangen sind.

Letztlich entscheidend an der Hoffnung als einer göttlichen Tugend ist, daß wir uns dabei nicht auf unsere eigenen Kräfte verlassen brauchen, sondern auf die Verheißungen Christi und auf die Gnadenhilfe des Heiligen Geistes vertrauen dürfen. Wir brauchen also nicht selber unser Glück zu machen. Das können wir auch gar nicht. Außerdem wäre es viel zu unsicher – wie die Erfahrung mit dem selbstgemachten Glück uns immer wieder lehrt. Was die wahre Hoffnung auszeichnet, ist ihre absolute

Gewißheit: „*Die Hoffnung enttäuscht nicht, denn die Liebe Gottes ist ausgegossen in unsere Herzen durch den Heiligen Geist, der uns geschenkt ist*", schreibt Paulus (Röm 5,5). Diese Gewißheit unseres Glücks, auf das wir hoffen, haben wir in der Liebe Gottes. Darum können wir auch nicht enttäuscht werden. Gott täuscht sich nicht, und er täuscht auch uns nicht. Denn dieses Glück kann uns darum auch niemand nehmen: es kommt nicht von außen, sondern es ist „*in unsere Herzen ausgegossen durch den Heiligen Geist*".

Diese Definition von Glück mag erstaunen. Im allgemeinen versteht man heute unter „Glück" nicht eine geistliche Wirklichkeit, sondern eher eine gefühlsmäßige. Eine Leser-Umfrage des *Deutschen Sonntagsblatts* im Juni 1998 ergab: glücklich machen an erster Stelle für über 90% Freundschaft und Liebe, dann folgen für über 70% Sex und Geld, erst für 48% folgt der Glaube.

Es stellt sich also die Frage: Gibt es überhaupt eine Orientierung unserer Gefühle, so wie die Hoffnung unseren Geist auf das ewige Leben orientiert? Antwort: Ja, diese Orientierung unserer Gefühle gibt es! Aber wo? Im Vater Unser! Der heilige Thomas von Aquin sagt: „*Das Vater Unser prägt unser ganzes affektives Leben*" (S. T. II–II q 83 a 9). Es orientiert unsere Gefühle nach dem richtigen Maßstab: Es setzt in unserem Wünschen und Fühlen die wahren Prioritäten. Deswegen hat dieses Gebet auch eine so intensive heilende Wirkung für Leib und Seele und Geist. Immer wieder geschehen durch das andächtige Beten des Vater Unser Bekehrungen, die Behebung seelischer Störungen und auch körperliche Heilungen.

Welches sind die Prioritäten, die das Vater Unser setzt? Welches ist der richtige Maßstab für unser affektives Leben, der sich daraus ergibt? Schauen wir auf die Umfrage-

Ergebnisse der Meinungsforscher, so ist das Wichtigste für die Menschen heute gute Beziehungen innerhalb der Familie, Arbeit und das tägliche Brot und die Bewahrung vor Unheil: vor Krankheit, Verleumdung, Verrat. Das sind jene Hoffnungen und Bitten, die im Vater Unser an zweiter Stelle stehen, sozusagen der praktische Teil dieses Gebetes. Erstens: *„Unser tägliches Brot gib uns heute“:* Erhalte uns unseren Arbeitsplatz und die Schaffenskraft, um das nötige Geld für das tägliche Brot zu verdienen. Zweitens: *„Vergib uns unsere Schuld, wie wir vergeben unseren Schuldigern“:* Laß die Beziehungen in der Familie nicht zum ständigen Zweikampf werden, wo man nur noch gegenseitig die Punkte zählt, sondern laß uns miteinander auch die schwachen Seiten des anderen ertragen, daß wir wenigstens zuhause in Ruhe durchatmen können. Drittens und viertens: *„Und führe uns nicht in Versuchung, sondern erlöse uns von dem Bösen“:* Bewahre uns vor allem Unheil, sowohl dem Unheil, das wir selbst anrichten, um uns und anderen zu schaden, als auch vor jenem, das andere uns antun möchten durch ihre Ungerechtigkeit, Verständnislosigkeit, Gleichgültigkeit oder Bosheit.

Noch einmal: Diese Bitten stehen im Vater Unser an zweiter Stelle – aber uns scheinen sie vordringlich zu sein. Sie sind unserem Herzen am nächsten, weil sie uns durch die äußeren Gegebenheiten Tag für Tag bedrängen. Aber wenn wir schon darum bitten, daß etwas geschieht, sich etwas verändert, weil es so nicht weitergehen kann – dann hoffen wir auch! *„Beten ist die Sprache der Hoffnung“*, sagt Kardinal Ratzinger. *„Ein verzweifelter Mensch betet nicht mehr, weil er nicht mehr hofft; ein seiner selbst und seiner Macht sicherer Mensch betet nicht, weil er sich nur auf sich selbst verläßt. Wer betet, hofft auf eine Güte und eine Macht, die über sein eigenes Vermögen hinausgeht“* (Auf Christus schauen, Einübung in Glaube, Hoffnung, Liebe, Freiburg 1989, S. 69).

Beten ist die Sprache der Hoffnung! Wenn wir beten, dann hoffen wir – und dann geht unsere Hoffnung hinaus über das tägliche Brot und die tägliche Schuld. Dann hoffen wir auf den, der uns immer neu gibt und vergibt, weil er die Vollmacht dazu hat. Dann bitten wir schon: „Dein *Name werde geheiligt,* Dein *Reich komme,* Dein *Wille geschehe – wie im Himmel, so auf Erden*". Im Beten selbst lernen wir verstehen, daß es ohne die Einheit zwischen Himmel und Erde nicht geht. Das aber heißt auch: Indem wir das Vater Unser beten, wird das Chaos unseres Gefühlslebens geheilt, bildet sich unser Gewissen neu, setzen sich die Prioritäten an die richtige Stelle. Unsere Sehnsüchte, Wünsche und Erwartungen treiben uns nicht mehr orientierungslos umher, werden nicht mehr von der Fernsehwerbung erbarmungslos manipuliert, und *„sehen, wen sie verschlingen können"*. Unsere Wünsche und Gefühle werden dorthin orientiert, wo sie auf zuverlässige und beständige Weise in Erfüllung gehen können. *„Das Vater Unser ist das Gebet, durch das unsere Hoffnung am meisten zu Gott aufgerichtet wird"*, sagt der heilige Thomas von Aquin (Comp. theol. II.3).

Aber die Frage bleibt, warum beherrschen uns die irdischen Hoffnungen allzusehr? Warum empfinden wir sie als übermächtig? Warum meinen wir, gegen das Chaos gefühlsmäßiger Erwartungen ist kein Kraut gewachsen? Warum erweist sich das viel gepriesene „Ausleben unserer Gefühle" so häufig als Bumerang? Warum wird das Chaos der Gefühle nach dem Ausleben noch intensiver, noch bedrängender und verwirrender als vorher? Es mag ein schwacher Trost sein, aber doch ein hilfreicher: Das Problem der „Verwirrung der Gefühle" und der entsprechenden Orientierungslosigkeit ist nicht so neu, wie wir meinen. Es ist nicht erst durch die Psychologie und die Medien entstanden, auch nicht durch eine „pluralistische“ Kirche, in der jeder meint, Recht zu haben mit dem, was für ihn gut ist. Dieses Problem hat schon die Wüstenväter in den ersten Jahrhunderten der Kirche beschäftigt. Sie nannten die Verwirrung der Gefühle *Akedia,* am besten zu übersetzen mit „Überdruß“. Aus Überdruß am Wachen und Beten meinten sie, in der größten Mittagshitze plötzlich ihre Zelle verlassen zu müssen, um einen Bruder am anderen Ende der Wüste zu besuchen, weil er vielleicht krank sein könnte. Hinter diesem anscheinend edlen und selbstlosen Motiv stand wie gesagt nichts anderes als der Überdruß, es in der stickig-heißen Zelle allein nicht mehr auszuhalten, ohne dabei wütend oder trübsinnig zu werden – oder einzuschlafen, um sich in angenehmen Träumen zu ergehen. Die *Akedia* ist – damals wie heute – eine Mischung aus Frustration und Aggression, Widerwillen gegen das Vorhandene und Verlangen nach dem Nichtvorhandenen, immer aber eine Sackgasse für unsere Gefühle. G. Bunge schreibt in moderner Sprache auf der Grundlage der Wüstenväter: *„Überdruß ist zunächst ganz allgemein eine Atonie, ein Spannungsverlust der natürlichen Seelenkräfte, die den Menschen zu jeder Verteidigung gegen die ihn mächtig anstürmenden Gedanken unfähig macht. Aus dieser Erschlaffung ergeben sich alle die Aspekte des Überdrusses, das Gefühl der Leere und Langeweile, die Unfähigkeit, den Geist auf etwas Bestimmtes zu fixieren. Ekel und Widerwillen vor allem und jedem, dumpfes Brüten, Mattigkeit und Herzensangst“* (Akedia, Köln 1989, S. 38).

Bischof Lehmann, der Vorsitzende der Deutschen Bischofskonferenz, bezeichnete kürzlich die Situation der

Kirche als *„hektische Stagnation"*. Damit meinte er zweifellos die aktuelle Form der Akedia: eine Mischung aus geistiger Trägheit und andauernder Geschäftigkeit: Weil ich nichts mehr zu beten habe und Angst habe vor dem Alleinsein in der Stille, muß ich etwas machen, mir eine neue soziale Aktion ausdenken, und sie gleich am Computer durchspielen. Computer und Fernsehen sind die modernen Greifarme der *Akedia:* Es muß immer etwas laufen, um mich über den inneren Stillstand hinweg zu täuschen. Die Illusion hat mich im Griff, daß ich die Dinge im Griff habe: Ich kann einschalten, umschalten, abschalten. Die Programme wechseln auf meinen Tastendruck. Wieviele Priester, Ordensleute, aber auch Laien gestehen ohne allzuviel schlechtes Gewissen, statt ein geistliches Buch zu lesen, probieren sie lieber die neue Software am Computer – oder sehen einen „anständigen" Krimi im Fernsehen.

Ganz so ungefährlich wie sie scheinen, sind derlei Ablenkungsmanöver freilich nicht. Die *Akedia* treibt ihre bitteren Früchte, die wir nicht immer gleich als solche erkennen: Geschwätzigkeit und Neugier, Abstumpfung und Aufgebrachtheit. Weil ich die innere Leere nicht aushalte und mich der Stille nicht stellen will, muß ich etwas zu reden haben. Meine Neugier erforscht die ausgefallensten Bereiche, nur weil ich das Naheliegende und das Bleibende, nämlich Gott und seine Liebe, nicht länger ertragen kann. Langsam, aber sicher stumpfe ich ab gegenüber immer denselben Psalmen im Stundengebet, immer denselben Gleichnissen in der Bibel, immer demselben Tonfall der Meßfeier. Ich beginne mit Gleichgesinnten, mir meine Gottesdienste selbst zu formulieren und zu gestalten, bis ich sie ganz durch einen Yogakurs ersetze. Und wie schnell werde ich aufgebracht, wenn jemand etwas gegen „meine" Meditationskurse von „meinem" Pater zu sagen wagt!

Hand aufs Herz: Kommt nicht viel von unserer Kirchenkritik, die heute schon zum guten Ton unter Katholiken gehört, aus eben jener *Akedia,* nämlich aus dem Überdruß und der Unzufriedenheit mit meinem eigenen Leben – und aus dem unaufhörlichen Kreisen um mich selbst, dem die frische Luft eines ruhigen Gebetes fehlt?

Die *Akedia* mit der ganzen Palette ihrer schillernden, aber faulen Früchte ist die konkrete Form der Hoffnungslosigkeit, die unser kirchliches Leben heute offen oder verdeckt beherrscht. Unsere Väter im Glauben kannten das alles schon – aber was haben sie dagegen getan? *Das* Heilmittel der Alten war Ausharren, wörtlich „Darunterbleiben", nämlich unter dem sanften Joch des Evangeliums, das uns vor dem harten Joch dieser Welt bewahrt. *„Harren auf Gott",* wie es in den Psalmen heißt, ist bereits ein Zeichen der Hoffnung. Es ist ein Eingeständnis unserer Armut, unserer oft so bitter enttäuschten Eigenliebe, unserer Verzweiflung nicht nur über die Kirche und die Welt, sondern vor allem über uns selbst.

Die große Lehrerin der inneren Armut bleibt die kleine heilige Therese von Lisieux, die während ihrer Kindheit unter den schlimmsten Skrupeln und Migränen gelitten hat. Über das, was sie den „Weg der Kindschaft" oder den *„Kleinen Weg"* nennt, sagt sie in einem Satz: *„Nie kann man zu großes Vertrauen zum lieben Gott haben, der so mächtig und barmherzig ist. Man erhält von ihm soviel, wie man von ihm erhofft."* Und in einem Brief an eine ihrer Schwestern heißt es: *„Gott gefällt, daß ich meine Kleinheit und meine Armut liebe, meine blinde Hoffnung auf seine Barmherzigkeit … Das ist mein einziger Schatz: Warum sollte dieser Schatz nicht auch der Ihre* *sein?*“ (17. 9. 1896) Wenn wir allein auf seine Barmherzigkeit hoffen, dann haben wir einen Schatz gegen jede Form der Hoffnungslosigkeit, den uns niemand nehmen kann.

Der Auszug der Emmaus-Jünger

Heilung durch Hoffnung – oder durch Magie?

Heilung durch Hoffnung kann nicht darin bestehen, Gottes Willen durch unser Gebet so zu lenken, wie es unseren Erwartungen entspricht. Der Heilige Geist will uns unendlich viel mehr geben, als wir uns vorstellen können. Er will nicht irgend etwas heilen, sondern er will den *ganzen* Menschen zur Begegnung mit der Person des Heilands führen, der *ganz* Gott und *ganz* Mensch ist. Diesen Zugang ermöglicht er uns durch die Gabe der Hoffnung.

Warum fällt es uns heute so schwer, die heilende Wirklichkeit der Nachfolge Christi als unseren einzigen Heilsweg zu erkennen? Warum halten wir tief in unserem Herzen die Frohe Botschaft von unserem Heil und unserer Heilung für eine Mischung aus Wunschdenken und Autosuggestion? Für diese Art der Hoffnungslosigkeit gibt es Gründe, die uns bewußt zu machen nicht überflüssig scheint:

1. Unser Bewußtsein ist weitgehend geprägt von dem naturwissenschaftlichen Denken der Schulmedizin und Schulpsychologie. Deren philosophische Voraussetzungen sind atheistisch und materialistisch: Der Mensch ist ein System aus chemischen und physikalischen Funktionsabläufen. Heilung bedeutet so gesehen Symptombehebung gestörter Funktionen, Gesundung die Wiederherstellung dieser Abläufe.

2. Unser Bewußtsein von Krankheit und Heilung ist weitgehend geprägt durch materialistisches Konsumdenken. Unser staatliches Gesundheitswesen sieht den Kranken mehr und mehr als Kunden und unsere Krankenhäuser als Warenhäuser, in denen nach Maßstäben wirtschaftlicher Effizienz gearbeitet zu werden hat.

Wer von Konsumdenken geprägt ist, glaubt aber nicht nur an Geld als oberstem Wert, sondern auch an Macht als oberstem Ziel. Gesundheit wird nicht nur zu einem kalkulierbaren Warenwert, sondern auch zum Faktor wissenschaftlicher und wirtschaftlicher Machtstrategien. Das Erkennen und Behandeln psychischer Langzeitkrankheiten wird heute auf Betreiben der Pharma-Industrie weitgehend aufgegeben zugunsten von Diagnosen und Therapien, die nur noch kurzfristige Erkrankungen kennen. Durch den häufigeren Einsatz von teureren Medikamenten führen diese Behandlungen zu sichtbaren Ergebnissen.

3. Das Bewußtsein von Krankheit und Gesundheit als kalkulierbaren Warenwerten wird noch gefördert durch unsere Zugehörigkeit zu einer Leistungsgesellschaft mit brutalem Perfektionsstreben, durch das Gesundheit mit „in“ und Krankheit mit „out“ gleichgesetzt werden. Wer zu oft und zu lange krank ist, verliert nicht nur seinen Arbeitsplatz, sondern auch sein Ansehen unter Freunden und Verwandten. Er ist als Ehepartner nicht mehr geeignet und wird ausgewechselt.

Aus der durch das Perfektionsstreben geschürten Existenz-Angst hat sich ein Körperkult entwickelt, der nichts anderes ist als die Verdrängung der Hinfälligkeit des Menschen, also des Alterns und Sterbens. Er hat sich gleich für mehrere Industriezweige als lukratives Geschäft erwiesen: Von Geistheiler- und Heilpraktiker-Schulen über Reformhäuser und Bioläden bis zu Biokosmetik und Esoterik-Seminaren – und zu Heilungstourismus mit Kurbädern und Schönheitsfarmen. Kureinrichtungen, deren Anwendungen die Krankenkassen nicht mehr übernehmen, locken gestreßte Seelen mit Wellness-Angeboten um jeden Preis, um das zum Überleben notwendige Gleichgewicht in den Griff zu bekommen. Der ironische Stoßseufzer des römischen Satirikers Juvenal (1. Jh. n. Chr.) „Orandum est ut sit *mens sana in corpore sano*" (Beten müßte man, daß ein gesunder Geist in einem gesunden Körper wohnt) wird heute als todernster Werbespruch vermarktet.

4. Eine von Konkurrenzdenken und Perfektionsstreben geprägte Leistungsgesellschaft läßt den Menschen immer individualistischer werden, ihn weitgehend unabhängig von seinem Nächsten denken, fühlen und erleben. Dafür läßt sie ihn umso abhängiger von anonymen öffentlichen Meinungen werden, wie sie heute vor allem von den Medien erfunden und verbreitet werden. Bei aller verwirrenden Vielfalt dieser öffentlichen Meinungen gilt dennoch weitgehend verbindlich für alle: Krankheit isoliert, weil sie die Leistungsfähigkeit einschränkt – Heilung aber integriert nicht, sondern befähigt zum Einzelkämpferdasein, solange die Kräfte reichen. Durch diese Art von Heilungsverständnis wird Gesundheit zu einem fremdbestimmten Warenwert, denn sie wird gemessen an der Leistungsfähigkeit der Konkurrenz.

5. Aus den erwähnten, oft weitgehend unbewußten Widerständen gegen das Heilsverständnis Jesu wird unser Bewußtsein geprägt von einer Umkehrung aller biblischen Werte. Mit der Naturwissenschaft sind wir überzeugt: erst der Körper, dann die Seele, dann der Geist (falls es einen solchen gibt). Die Bibel aber lehrt uns, der Mensch ist von Gott in seinem Ebenbild geschaffen, und darum gilt als

höchster Wert der Geist, er prägt die Seele, sie den Leib. Um es mit einem Beispiel vereinfacht auszudrücken: Wir meinen heute, weil ich Bauchweh habe, bin ich depressiv und zweifle an Gott und seiner Liebe. Die Bibel aber lehrt uns: Weil ich Glaubenszweifel habe, bin ich depressiv, und das läßt mich Bauchweh haben.

6. An dieser Umkehrung aller biblischen Werte ist die Bibelwissenschaft nicht ganz unschuldig. Alles, was mit dem Verstand nicht faßbar ist, wie zum Beispiel die Wunder Jesu: die wunderbare Brotvermehrung oder die Verwandlung von Wasser in Wein, aber auch die Heilungen Jesu, wird nicht als offenbarte Glaubenswahrheit anerkannt, sondern als mit dem Verstand nachvollziehbar erklärt. So sagt man etwa von der wunderbaren Brotvermehrung, die Hörer Jesu hätten ihr Picknick mitgebracht, weil sie wußten, er predigt lange. Das Wunder hätte in ihrer Bereitschaft bestanden, das Mitgebrachte zu teilen. Oder man sagt, ob die Tochter des Jairus tatsächlich von den Toten auferweckt wurde, könne niemand wissen. Sie könne auch scheintot gewesen sein, denn im Text heißt es ja, sie schläft nur.

7. Diese gelinde gesagt eigenartigen Auslegungen erklären sich teilweise durch den *„Auszug der Metaphysik aus der Theologie“*, wie Walter Kasper die nachkonziliare Situation in der Einleitung zu seinem Aufsatzband *„Theologie und Kirche“* (Band I, Mainz 1987) beschreibt. Was die klassische Theologie als übernatürlich bezeichnet, ist heute für viele Theologen nicht mehr real. Also muß eine Offenbarungslehre erfunden werden, welche den bisher allein möglichen Zugang zum Geheimnis der göttlichen Offenbarung durch die Gnadengabe des Glaubens als hinfällig erklärt. Damit aber werden Heilung und Heiligung als bestenfalls irrationale Wirklichkeiten ausgewiesen.

Um die unser Bewußtsein bestimmenden Vorstellungen von Heil und Heilung zusammenzufassen:

1. Im Gegensatz zur Lehre Jesu sind unsere heutigen Vorstellungen von Heilung sachbezogen und nicht personorientiert: Es geht uns um die Heilung des Blinddarms oder des Knies, nicht aber um das Heil des Menschen.

2. Im Gegensatz zu den Worten Jesu ist unser Bewußtsein von Heilung weitgehend geprägt von einem Vertrag zwischen Menschen, nicht aber von der Erwartung unverdienter Gnade durch die drei göttlichen Personen.

3. Unsere Heilungserwartungen gehen davon aus, daß Körper und Seele einschließlich der mitmenschlichen Beziehungen zu funktionieren haben, wie die Medien es bestimmen, nicht aber abhängig sind vom Willen eines liebenden Gottes.

4. Entscheidend für unsere Vorstellung von Heilung ist, daß es mir so gut geht wie möglich, nicht aber, daß ich hineinwachse in die Gemeinschaft der Menschen als ein Glied unter anderen am Leib Christi.

5. Wichtigster Störfaktor unseres Wohlbefindens ist eine mangelnde Funktion des Körpers und nicht etwa ein mangelndes Gleichgewicht geistlichen Lebens. Zuviel essen macht Bauchschmerzen und Selbstmitleid, hat aber nicht etwa mit der Untugend der Unmäßigkeit zu tun.

6. Wesentlich für unsere Vorstellung von Wundern und Heilungen Jesu ist, daß wir sie mit dem Verstand nachvollziehen können, nicht aber ihren Offenbarungs-Charakter als Zeichen von Gottes Allmacht und Erbarmen erkennen.

7. Das einzige Kriterium für die Wirklichkeit religiöser Begriffe wie etwa der Menschwerdung Gottes, seiner Kreuzigung und Auferstehung, ist die Erkenntnis und Er-

klärung durch den menschlichen Verstand, nicht aber durch die Gnadengabe des Glaubens als alleinigem Zugang zum Geheimnis der göttlichen Offenbarung.

Die genannten Faktoren mit der entsprechenden Denkweise prägen unser Unbewußtes und unser Bewußtes mehr als uns lieb sein kann. Lesen wir mit dieser Einstellung die Heilungsberichte des Neuen Testaments, so erscheinen sie uns wie eine Einführung in die Magie. Unter Magie versteht man die Bemühungen des Menschen, sich göttliche Kräfte für seine Zwecke nutzbar zu machen. Kranke kommen zu Jesus mit der Erwartung, er sei der Magier: Wenn man sich ihm gegenüber entsprechend verhält, dann weiß er, wie man beim Vater im Himmel Heilung erwirkt. Vermutlich hatten viele Kranke, die zu Jesus kamen, solche oder ähnliche magische Erwartungen. Menschen, die ohne Medikamente, also durch „Gebet" heilten und geheilt wurden, gab es genug.

Jesus kannte diese magischen Erwartungen, und er hat darunter gelitten. Wie oft sagte er: *„Diese böse und treulose Generation fordert ein Zeichen. Aber es wird ihr kein anderes Zeichen gegeben werden als das Zeichen des Jona"* (Mt 12,39). Damit meinte er seinen Tod und seine Auferweckung nach drei Tagen.

Am deutlichsten wird die magische Erwartung seiner Jünger in der Brotrede Jesu (Joh 6). Auf die Frage: *„Was müssen wir denn tun, um die Werke Gottes zu wirken?"* (Joh 6,28), gibt Jesus die sicher zunächst verwirrende Antwort: *„Das ist das Werk Gottes, daß ihr an den glaubt, den er gesandt hat"* (Joh 6,29). Es geht Jesus also weder um magische Praktiken noch um Werke, mit denen man Heil und Heilung durch Eigenleistung sich selber verdienen oder anderen verschaffen kann, sondern es geht ihm allein um den Glauben der Menschen an seine göttliche Sendung – und zwar um einen Glauben, der das unverdiente, weil unverdienbare Gnadengeschenk des Vaters im Himmel ist.

Diese Offenheit im Glauben, daß für den Vater und seine Liebe nichts unmöglich ist, stellt die eigentliche Überwindung der magischen Erwartung dar. Die Schwierigkeit dabei liegt offenbar – damals wie heute – in der Passivität des Geschehenlassens: Sie bedeutet weder Gleichgültigkeit noch Verantwortungslosigkeit, sondern ein Mitgehen mit der Lebensweise Jesu, die wir mit seinen eigenen Worten als „Nachfolge" bezeichnen.

Zu diesem Geschehenlassen gehört die bewußte und freiwillige Annahme von Kreuz und Auferstehung, von Tod und Leben. Das führt zu der scheinbar paradoxen Konsequenz: Um heil zu werden als ganzer Mensch, muß ich zunächst bereit sein zu sterben, nämlich meine angestammte Lebensweise aufzugeben mit all ihren eingefleischten Gewohnheiten. Ein Kenner der Geschichte geistlichen Lebens, der Dominikaner Jean-René Bouchet, hat sagen können: *„Jesus bessert nicht, Jesus heilt nicht, Jesus schafft neu"*. Er beruft sich dabei auf die Aussage Jesu in der Offenbarung des Johannes: *„Seht, ich mache alles neu!"* (Apk 21,5). Dieser Triumph der Liebe Gottes bedeutet die endgültige Überwindung unserer magischen Erwartungen durch den Heiligen Geist.

Ein vielleicht geringer, aber nicht unwesentlicher Trost mag sein, daß die ersten Christen es nicht leichter hatten als wir mit dem gläubigen Verständnis des Ostergeheimnisses von Tod und Auferweckung Jesu und des neuen Lebens, nämlich des ewigen Lebens, das uns dadurch geschenkt wird. Um die Gläubigen an dieses Mysterium soweit heranzuführen, wie es mit den Mitteln menschlichen Verstandes möglich ist, hat man die nach-österliche Redaktion der Heilungsberichte Jesu jeweils in Form von Taufkatechesen über das Ostergeheimnis und seine Heilswirkung abgefaßt. Jeder Heilungsbericht hat darum mehr oder weniger deutlich erkennbar eine dreiteilige Gliederung in Leiden, Tod und Auferstehung. Dadurch soll für die Gläubigen verständlich werden: Ohne mit Jesus zu leiden und zu sterben, das heißt unseren eigenmächtigen Lebensstil bewußt und freiwillig aufzugeben, können wir nicht mit dem Heiland auferweckt werden zu einem neuen Leben des Heils und der Heilung.

Versuchen wir, das Gesagte am biblischen Beispiel der Jünger auf dem Weg nach Emmaus zu verdeutlichen. Der Bericht über die Emmaus-Jünger scheint so etwas wie der Schlüssel zu allen übrigen Heilungsberichten, weil hier mit aller Deutlichkeit die magische Erwartung der Jünger: *„Wir aber hatten gehofft, daß er es sein würde, der Israel befreit“* (Lk 24,21), nämlich von der römischen Besatzung befreit!, überwunden wird durch die Heilung Jesu, nämlich die Befreiung von der Sünde durch die Feier der Eucharistie. (Darüber mehr im nächsten Kapitel.)

Schauen wir zur Klärung dessen, was Heil und Heilung durch den Heiligen Geist im Neuen Testament tatsächlich bedeutet – und auch dessen, was es *nicht* bedeutet – auf die Dreiteilung des Emmaus-Berichts. Der erste Teil – der Leidensteil – ist allzu offensichtlich: Die Jünger haben zwar keine körperlichen Symptome, dafür sind die seelischen aber umso schwerwiegender: Alles, aber auch alles, worauf sie bewußt und unbewußt gehofft hatten, als sie sich auf die Nachfolge Jesu einließen, scheint durch seinen Tod am Kreuz endgültig für sie gestorben. Daß Jesus als der Fremde mit ihnen geht, um ihre Entfremdung von sich selbst mit ihnen zu teilen, ändert nichts daran. Ihre gesamte Hoffnung auf die Erlösung Israels durch den Messias war auf die Erwartung der militärischen Befreiung Israels von der römischen Besatzung gerichtet. Diese Hoffnung war durch den Tod Jesu am Kreuz zunichte geworden. Die Jünger mußten also der Gesamtheit ihrer festgefügten Erwartungen sterben. Die geduldige Deutung der Schriften durch den ihnen immer noch fremden Jesus half ihnen zweifellos dabei. Und ihr geheimnisvoll brennendes Herz tat das übrige dazu. Der eigentliche Tod – als der unerläßliche zweite Teil dieses Heilungsberichtes – nämlich die Offenbarung ihrer ganzen Ohnmacht und Hilflosigkeit, tritt erst ein, als Jesus vorgibt, weiterzugehen und sie in ihrer Todesangst allein zu lassen. *„Herr, bleibe bei uns, denn es will Abend werden und der Tag hat sich schon geneigt"*, rufen sie in ihrer Seelenfinsternis.

Dieser Schrei aber ist bereits die Hinführung zu ihrer Auferweckung. Instinktiv wird ihnen deutlich, wie weit sie sich mit ihren eigenmächtigen Phantasien, mit dem ständigen Kreisen um sich selbst, um ihr Fortkommen und ihre Zukunft, von der Quelle des Lebens, von ihrem Heil und ihrer Heilung durch die Gegenwart Jesu entfernt hatten. Das alles geschieht, während Jesus, der leibhaft von den Toten Auferstandene, mit ihnen geht. Aber erst als er ihnen das Brot bricht und das Dankgebet spricht, gehen ihnen die Augen auf, und sie erkennen ihn. Sie werden von ihrem selbstverfügten Tod auferweckt. Ihre Heilung geschieht durch die Feier der Eucharistie. Damit beginnt der dritte Teil dieses Berichts. (Darüber im nächsten Kapitel mehr.)

Abschließend sei angemerkt, daß sogar durch die Erscheinungen des leibhaft Auferstandenen die magischen Erwartungen der Jünger noch nicht gänzlich überwunden sind. Das entnehmen wir der Himmelfahrtsszene, die so gesehen nicht der Tragikomik entbehrt. In der Einleitung zur Apostelgeschichte lesen wir: *„Als er (der Auferstandene) vor seiner Himmelfahrt mit ihnen zum Mahle saß, gebot er ihnen, von Jerusalem nicht fortzugehen, sondern die Verheißung des Vaters abzuwarten, die ihr von mir gehört habt. Denn Johannes hat mit Wasser getauft, ihr aber werdet mit Heiligem Geist getauft werden in wenigen Tagen"* (Apg 1,4). Die Reaktion der Jünger auf diese feierlichen Worte ihres Herrn ist denkbar nüchtern: *„Herr, wirst du in dieser Zeit das Reich für Israel wieder aufrichten?"* (Apg 1,5) Jesus hatte ihnen noch so oft vom Reich Gottes sprechen können, für sie zählt einzig, was aus dem Reich Israel wird – und ob das, was sie die ganze Zeit von Jesus erwartet hatten, sich auch wirklich so realisieren wird, wie sie sich das vorstellen, nämlich daß er die römische Besatzung aus Israel vertreibt. Jesus aber gibt ihnen auf ihre Frage eine Antwort, die für sie zunächst reichlich unverbindlich klingen muß, auch wenn sie all ihre Erwartungen übersteigt: *„Es ist nicht an euch, Zeit und Stunde zu wissen, die der Vater in der ihm eigenen Vollmacht festgesetzt hat. Ihr aber werdet Kraft empfangen, indem der Heilige Geist auf euch kommt. Und ihr werdet meine Zeugen sein in Jerusalem und ganz Judäa und bis an die Enden der Erde. Als er das gesagt hatte, wurde er vor ihren Augen emporgehoben, und eine Wolke entzog ihn ihren Blicken"* (Apg 1,6–8). Die Jünger können also – wie schon in Emmaus – den Meister nicht mehr fragen, was seine Worte für sie bedeuten. Sie müssen das der kommenden Erfahrung überlassen, nämlich der Ausgießung des Heiligen Geistes, der ihnen die ganze Wahrheit offenbaren wird: Die Wahrheit ihres Heils und ihrer Heilung, die immer anders sein wird, als sie sich das erwartet haben.

Unsere Bittgebete mögen noch so hochherzig sein – ganz ohne magische Erwartung werden sie nie abgehen.

Denn sie entsprechen immer *unseren* Vorstellungen, Erwartungen und Wünschen. Gott sei Dank hat Jesus den Heiligen Geist gesandt, unsere tiefsten Sehnsüchte nach Heil und Heilung zu erfüllen, wie sie Gott selbst in unser Herz gelegt hat, nämlich das Verlangen nach seiner Herrlichkeit. Wie sagt der heilige Irenäus von Lyon? *„Der Heilige Geist ist die Leiter unseres Aufstiegs zu Gottes Herrlichkeit"* (Gegen die Irrlehren III,24.1).

Die Heimkehr der Emmaus-Jünger

Hoffnung auf Herrlichkeit

Zwei Jünger sind erschöpft von ihrem Weg ins Ungewisse. Sie wollen eine Rast einlegen in einer Herberge in einem Ort namens Emmaus. Jesus, der als der Auferstandene von ihnen unerkannt an ihrer Seite geht, gibt vor, er wolle weitergehen. Sie müssen ihn bitten, bei ihnen zu bleiben, weil es schon dunkel wird. Sie haben Angst, allein zu bleiben. Damit offenbaren sie ihre ganze Hoffnungslosigkeit nach den verwirrenden Gerüchten über den Tod Jesu.

Aber dieser Hilfeschrei äußerster Verzweiflung ist auch schon die instinktive Hinwendung zu einer neuen Hoffnung. Der Text sagt: *„Da ging er mit hinein, um mit ihnen zu bleiben. Und als er mit ihnen zu Tische war, nahm er das Brot, sprach den Lobpreis, brach das Brot und gab es ihnen. Da gingen ihnen die Augen auf, und sie erkannten ihn."*

Mit diesem einen Augen-Blick ist ihre Hoffnung auferstanden: Sie ist nicht nur wiederhergestellt, sondern neu geschaffen. Mit der Feier der Eucharistie beginnt ihr Leben, ihre Hoffnung von neuem. Worin besteht diese Hoffnung? Der Bericht über den langen Weg der Jünger nach Emmaus scheint wie eine bildliche Darstellung des Wortes des heiligen Thomas von Aquin, die Eucharistie ist *„Wegzehrung zur Herrlichkeit"*. Durch die Feier der Eucharistie erhoffen wir nicht nur die Wiederherstellung, sondern die Neuschaffung des ewigen Lebens, und das heißt die Teilhabe an der Herrlichkeit des Herrn. Erstmalig durch das Sakrament der Taufe, ständig aber durch die Feier der Eucharistie gehen wir ein in Tod und Auferstehung Jesu. *„Er hat uns den Weg erschlossen durch den Vorhang (des Tempels) hindurch durch sein Fleisch"* (Hebr 10,19). Dadurch haben wir Zugang zum himmlischen Jerusalem, *„zu Tausenden von Engeln, zu einer festlichen Versammlung und zur Gemeinschaft der Erstgeborenen, die im Himmel verzeichnet sind" (Hebr 12,22)*.

Aus Isolierung, Chaos und Enttäuschung finden die Jünger in eine neue Gemeinschaft und in eine neue Geborgenheit: die Teilhabe an der Herrlichkeit Gottes. Das Brot gebrochen hatte Jesus den Jüngern schon einmal am Gründonnerstag. Diese Geste ist ihnen also vertraut. Daran erkennen sie ihn. Aber dazwischen lag eine Ewigkeit. Dazwischen lagen Tod und Auferstehung. Jetzt aber sind sie nicht mehr allein. Sie gehören jetzt zu ihm, zu seinem Haus. Darin besteht ihre Heilung und ihre Hoffnung: *„Ihr seid nicht mehr Fremde ohne Bürgerrecht, sondern Mitbürger der Heiligen und Hausgenossen Gottes" (Eph 2,19).*

Hier müssen wir freilich gut unterscheiden. Die Jünger haben zwar eine neue Geborgenheit gefunden in der Gegenwart Jesu. Aber sie sind noch nicht im Himmel! Sie sind in einer Herberge weit von Jerusalem entfernt. Und von Jesus heißt es, nachdem sie ihn erkannten: *„Dann sahen sie ihn nicht mehr"*. Er hat sich ihren Blikken entzogen. Sind sie also wieder allein? Hat selbst Gott sie verlassen? Nein: Daß er sich ihnen in seiner körperlichen Gegenwart entzogen hat, hindert sie weder an ihrer Hoffnung noch an ihrer Heilung. Sie wissen, daß er von den Toten auferstanden ist. Daß auch sie Auferstandene sind mit ihm. Sie waren gestorben, weil ihre Hoffnung gestorben war. Aber jetzt lebt er wieder. Und jetzt leben auch sie als Neugeschaffene. Er hat ihre Angst auf sich genommen. An seinen Händen und Füßen trägt er als der Auferstandene noch immer die Wundmale der Kreuznägel. Durch seine Wunden sind sie geheilt. Eucharistie feiern heißt Christus begegnen in der Hoffnung auf Herrlichkeit.

Vielleicht sind unsere Eucharistiefeiern so eigenartig unlebendig, um nicht zu sagen so hoffnungslos, weil wir gar nicht mehr wissen, warum wir in die Kirche gehen. Wer von uns hofft noch auf Herrlichkeit? Der Himmel hat unter Christen eine schlechte Presse: Wer an den Himmel glaubt, hat die Füße nicht auf der Erde. Die Marxisten haben den Christen vorgeworfen, sie vertrösten die Menschen auf das Glück *nach* dem Tod, aber sie tun nichts, das Unglück *vor* dem Tod zu bekämpfen, nämlich Ungerechtigkeit und Leid auf der Erde. An dem verheerenden Unheil, das die marxistische Ideologie in der Praxis angerichtet hat, kann man allerdings ablesen, was aus einer Erde ohne Himmel wird: Chaos und Trümmer, und das nicht nur in der Wirtschaft, sondern vor allem in den Herzen der Menschen.

Aber bleiben wir bei der Kirche. Wir zitieren zwar häufig und gern das Wort des Zweiten Vatikanischen Konzils vom *„Volk Gottes unterwegs“*, aber wir sehen darin so einseitig die Kritik an einer unbeweglichen Amtskirche, daß wir das Ziel dieser Pilgerschaft aus den Augen verloren haben. Ziel unseres Weges auf dieser Erde ist der Himmel! Das hatte Jesus den Jüngern bereits vor seinem Tod gesagt:

„Ich gehe, um einen Platz für euch zu bereiten. Wenn ich gegangen bin und einen Platz für euch bereitet habe, komme ich wieder und werde euch zu mir holen, damit auch ihr dort seid, wo ich bin" (Joh 14,2f). Unsere eigentliche Heimat ist also im Himmel!

Auf unserem Pilgerweg dorthin möchte die Kirche uns durch die Sakramente führen. So versteht sich der Satz des heiligen Thomas, die Eucharistie ist *„Wegzehrung zur Herrlichkeit"*. Sakramente sind sichtbare Zeichen der unsichtbaren Gnade. Sie wollen uns damit nicht nur den künftigen Weg zum Himmel erschließen, sondern sie bergen den ganzen Reichtum der himmlischen Heimat schon in sich, damit uns dieser Reichtum jetzt und hier zuteil wird.

Diesen Reichtum der Sakramente als Unterpfand der kommenden Herrlichkeit sollten wir im Auge haben, um uns nicht übermäßig und einseitig über die irdische Institution der Kirche aufzuregen. Wenn wir wissen, daß wir hier auf Erden nur Pilger sind, geben wir auch leichter den Anspruch auf, die Kirche müsse schon hier auf Erden in ihren äußerlichen Formen vollendet sein.

Was uns stört an den Sakramenten, ist ihre Einfachheit. Als Kinder der Mediengesellschaft würden wir uns etwas Spektakuläreres wünschen: Attraktiv, überzeugend, erfolgversprechend soll die Kirche sein, wie die Fernsehpfarrer sagen. So würden es viele von uns wollen, um neue „Einschaltquoten" bei unseren Gottesdiensten zu erzielen. Aber so wollte es Gott nicht! Als der Ärmste unter den Armen hat Jesus für die Eucharistie die ärmsten Zeichen gewählt, nämlich Brot und Wein als die Grundnahrungsmittel der Armen seiner Zeit. Der heilige Augustinus spricht von der *„Demut der Sakramente"* und sagt von einem gelehrten Freund, mit dem zusammen er getauft werden sollte: *„Er besaß bereits die Demut, die deinen Sakramenten angemessen ist“* (Bekenntnisse IX, 6,14).

Wollen wir von der Eucharistie wirklich den Himmel erhoffen, ja einen Vorgeschmack davon schon jetzt und hier im Glauben erfahren, dann brauchen wir von der Gestaltung dieser Feier nichts Extravagantes erwarten, keinen Glanz der Darstellung und auch keine Anpassung der Texte an die jeweilige liturgische Mode. Die geheimnisvoll verborgene, aber darum nicht weniger reale Wirkung der Eucharistie bleibt unsere Hoffnung auf Erlösung zum ewigen Leben - und das heißt unsere Hoffnung auf Herrlichkeit.

Dazu gehört auch, daß wir schon jetzt und hier eins werden mit der Kirche des Himmels, mit all jenen Menschen, die uns vorausgegangen sind im Lauf der Jahrhunderte, um mit allen Engeln und Heiligen vereint zu sein zum Lobe Gottes, wie wir in der Präfation jeder Eucharistiefeier mit dem Priester beten. Diese Einheit, an die wir heute kaum noch denken, geschweige denn sie im Glauben erleben, wenn wir Eucharistie feiern, weitet unser Bewußtsein von Kirche über die Grenzen ihrer irdischen Institutionen hinaus: Das ständige Gebet der Heiligen läßt auch unser Dasein miteinander und für einander intensiver und freudiger, hoffnungsfroher werden. Das Zweite Vatikanum sagt dazu: *„Alle nämlich, die Christus zugehören und seinen Heiligen Geist haben, wachsen in der einen Kirche zusammen und sind in Ihm miteinander verbunden. Die Einheit der Erdenpilger mit den Brüdern, die im Frieden Christi entschlafen sind, hört keineswegs auf, wird vielmehr nach dem beständigen Glauben gestärkt durch die Mitteilung geistlicher Güter. Dadurch nämlich, daß die Seligen inniger mit Christus vereint sind, festigen sie die ganze Kirche stärker in der Heiligkeit, erhöhen die Würde des Gottesdienstes, den sie auf Erden Gott darbringt, und tragen auf vielfältige Weise zum weiteren Auf-*

bau der Kirche bei. Durch ihre brüderliche Sorge findet unsere Schwachheit reichste Hilfe" (Lumen Gentium 49).

Wollen wir wirklich bei der Feier der Eucharistie diese *„reichste Hilfe"* unserer Brüder und Schwestern im Himmel ganz real erhoffen? Auch die *„Erhöhung der Würde des Gottesdienstes"* und die *„Festigung in der Heiligkeit"*? Was erwarten wir überhaupt von ihrer ebenso ständigen wie inständigen Fürbitte für uns? Daß alle Widrigkeiten des Lebens wie von magischer Hand verschwinden? Daß alle Gleichgültigen und Kritiker ehrfurchtsvoll in die Kirche zurückströmen? Daß die Kirche auf Erden eine „heile Welt" zu bieten habe, in der endlich alles stimmt und paßt wie in einem Erlebnispark? Ist die Kirche wirklich dazu da, um uns Ferien vom Alltag zu garantieren?

Enttäuschung und falsche Aufregung entstehen immer dann, wenn wir von der Kirche und von Christus erhoffen, was sie gar nicht bieten können und wollen. Die Emmaus-Jünger hatten auf die Befreiung Israels von der römischen Besatzung gehofft. Dazu aber ist Christus nicht Mensch geworden. Dazu hat er uns aus seiner geöffneten Seite nicht die Kirche und ihre Sakramente geschenkt. Er hat sie uns offenbart, damit durch diese heiligen Gaben die Gemeinschaft der geheiligten Menschen im Himmel und auf Erden zusammenwächst. Nirgends geschieht das intensiver als in der Feier der Eucharistie: *„Werdet, was ihr empfangt: Leib Christi"*, sagt der heilige Augustinus über die heilige Kommunion bei der Feier der Eucharistie.

Aus diesem Einswerden mit Christus in seinem mystischen Leib dürfen wir schließlich auch die Kraft erhoffen, Verantwortung für einander zu übernehmen und für alle Menschen einzustehen. Immer deutlicher zeichnet sich heute die Gefahr ab, daß wir die Kirche für ein Ghetto halten, das Verfolgung leidet und sich darum in Selbstmitleid gefällt. Im Dritten Eucharistischen Hochgebet beten wir aber mit dem Priester: *„Stärke uns durch den Leib und das Blut deines Sohnes, damit wir* ein *Leib und* ein *Geist werden in Christus … Dieses Opfer unserer* Versöhnung *bringe der* ganzen Welt *Frieden und Heil.*" Wir hoffen also, daß durch die Einheit mit Christus und seinem mystischen Leib nicht nur wir „zufrieden" werden, sondern daß wir stellvertretend für den Frieden und das Heil aller Menschen einstehen dürfen, indem wir uns untereinander *„versöhnen lassen in Christus"*, wie der Apostel Paulus sagt – und in dieser von Gott geschaffenen Einheit in Frieden mit allen Menschen leben.

Auch die Jünger von Emmaus blieben nicht allein, nachdem sie Jesus beim Brotbrechen erkannt hatten und er sich ihren Blicken entzog: *„Noch in derselben Stunde kehrten sie nach Jerusalem zurück, und sie fanden die Elf und die anderen Jünger versammelt"* (Lk 24,33). Die Feier der Eucharistie mit Jesus drängt sie, in die Gemeinschaft der Heiligen, das heißt der durch Tod und Auferstehung Jesu geheiligten Brüder und Schwestern, zurückzukehren. Jerusalem, die Stadt ihres Versagens und ihrer Hoffnungslosigkeit, wird durch die Gemeinschaft mit Jesus und den Brüdern zum Ort ihrer Hoffnung. Ihren Glauben und ihre Hoffnung teilen sie den Brüdern in dem Freudenschrei über jene Wirklichkeit mit, die für sie realer geworden ist als jede andere: *„Der Herr ist wahrhaft auferstanden!"*

4. KAPITEL

„... und hätte die Liebe nicht"

Liebe als Praxis kirchlichen Miteinanders

„Liebt einander, wie ich euch geliebt habe"

Der Heilige Geist als Gabe der Liebe

In seinem Artikel *„Mutterseelenallein"* sagt der Theologe und Psychologe Thomas Polednitschek sinngemäß, die neunziger Jahre sind geprägt von einer autistischen Gesellschaft. Unter Autisten versteht man Kinder, aber auch Erwachsene, die aus seelischen Verletzungen heraus jeden Kontakt mit ihrer Umwelt verweigern. Meist sprechen sie nicht, und auch ihre Zeichensprache ist nicht verständlich. Sie leben in einer eigenen Welt der Selbstverschlossenheit. Schon der heilige Augustinus sprach von dem *„in sich selbst verkrümmten Menschen"*, im Unterschied zu jenem mit dem *„aufrechten Gang"*, der im Neuen Testament der von Gott Geschaffene und Erlöste ist. Er ist sich seiner Würde und seiner Gottesbeziehung in der *„Freiheit der Kinder Gottes"* bewußt. Autisten aber sind nur noch auf sich selbst bezogen, falls man überhaupt von einer Beziehung sprechen kann. Der Mensch von heute ist von uninspirierter Selbstbezogenheit und anspruchsloser Gottlosigkeit. Die Freiheit der Ansprechbarkeit hat sich in anspruchslose Freiheit verwandelt. Nicht Rebellion und Widerstand ist das Thema der neunziger Jahre, sondern Resignation und Anpassung. Die Wut der sechziger Jahre ist der Weltangst und Weltmüdigkeit gewichen. An die Stelle des Weltvertrauens ist das Mißtrauen getreten. Nicht der Selbstverlust, sondern der Weltverlust ist die größte Seelennot. Sich im Labyrinth des eigenen Inneren zu verlieren und den Weg nach außen nicht mehr zu finden, kennzeichnet heute viele Menschen, sagt Thomas Polednitschek (*Deutsches Sonntagsblatt* 29. 5. 1998, 20f).

Man kann sich fragen, ob diese Sicht nicht zu pessimistisch ist. Aber erstaunt uns dieser Autismus noch, wenn wir erfahren, daß 60 bis 70 Prozent aller Mädchen zwischen 16 und 17 Jahren angeben, daß sie schon einmal sexuell belästigt wurden und also Scheu haben, irgendwelche näheren Beziehungen einzugehen? Dennoch enthält die jüngste Umfrage des Sexualforschers Professor Sigusch eine unerwartet positive Tatsache: Stand zur Zeit der „sexuellen Revolution" in den sechziger Jahren die Ausübung der Sexualität im Vordergrund des Interesses junger Menschen, so sind es heute Werte wie Liebe, Treue, Austausch der Gefühle, Gewaltlosigkeit und Gleichberechtigung unter den Partnern. Sigusch sagt wörtlich: *„Wichtiger als der sexuelle Akt ist eine feste Beziehung, in der sich die Partner angenommen und aufgehoben fühlen"* (*Deutsches Ärzteblatt* 15. Mai 1998, C-905).

Also doch nicht nur Selbstverschlossenheit, sondern Hunger nach Liebe und Geborgenheit beim anderen? Machen wir uns nichts vor: Sigusch hat weiter herausgefunden, nach mehr als einem Partnertausch werden junge Menschen häufig nicht vor 30 Jahren heiraten – und mindestens jede dritte Ehe wird nach wenigen Jahren wieder geschieden. In München leben 52% der Einwohner als

Singles. Aber wir können zweierlei feststellen: Erstens, die wilden sechziger Jahre scheinen endgültig vorbei – und zweitens: Resignation und Anpassung sind offenbar doch nicht alles. Was fehlt, sind Werte und Normen, an denen man sich verbindlich orientieren kann, um zu beständigen Beziehungen zu gelangen. Denn innere Werte sind immer noch der beste Schutz gegen jedes umgebende Chaos.

Eines der wesentlichsten Probleme unserer Zeit scheint freilich: Die von allen gesuchten verbindlichen Werte und Normen werden in einem derartigen Überfluß angeboten, daß sich allzuoft Überdruß einstellt: Man läuft Gefahr, den Wald vor Bäumen nicht mehr zu sehen – und auf der Suche nach dem rechten Weg die Orientierung zu verlieren. Eine junge Frau antwortete auf die Frage nach dem großen Glück: „Ein Glas Pfirsichweizen". Das wäre „ihr Bier", denn das hätte sie mit dem einzigen jungen Mann getrunken, den sie liebte.

Liebe scheint also wieder zu zählen. Zumindest die Sehnsucht nach Liebe scheint riesig. Aber auch hier fragt sich: Welche Liebe? Und wie kann sie für mein Leben verbindlich werden? Die Bibel hat Antworten auf diese Fragen bereit. Sie haben sich als wegweisend und orientierungsgebend erwiesen seit mehreren tausend Jahren. Sonst würden wir dieses Buch nicht mehr lesen.

Bevor ich den von der Bibel gewiesenen Weg gehe, muß ich mich entscheiden, ob ich es will. Das heißt, ob ich bereit bin, alle anderen Wege hinter mir zu lassen. Denn dieser Weg ist schmal. Er führt durch die enge Pforte. Und dadurch wird er mich unterscheiden und vielleicht in Widerspruch bringen zu vielen Menschen, die ihn nicht gehen wollen. Was allerdings für diesen Weg spricht, ist seine Zuverlässigkeit: Er hat sich bewährt, das heißt, er hat sich gleichzeitig als wahr und als beständig erwiesen.

Die Bibel sagt, dieser Weg ist vorgegeben. Ich brauche ihn nicht zu entwerfen und auch nicht zu suchen. Ich brauche mich nur finden zu lassen. Denn die Liebe kommt nicht von mir. Sie kommt von Gott. Er hat mich geschaffen und erlöst aus Liebe. Er hat mich also zuerst geliebt. Ich brauche durch mein Leben, das ich von ihm habe und ihm verdanke, ihm nur zu antworten auf diese Liebe. Aber die Kraft dazu kommt auch von ihm: *„Die Liebe Gottes ist ausgegossen in unseren Herzen durch den Heiligen Geist, der uns geschenkt wurde"* (Röm 5,5).

Reines Geschenk also ist diese Liebe! Sie ist nicht die Frucht von Glaube und Hoffnung, wie man meinen könnte, also das Ziel eines langen, mühevollen Weges. Im Gegenteil, durch die Liebe werden Glaube und Hoffnung, die auch Gaben sind, erst fruchtbar. Sie bekommen gleichzeitig ihren Ursprung und ihr Ziel.

Die Liebe in Verbindung mit Glaube und Hoffnung bewahrt uns nicht vor Schwierigkeiten, aber sie verleiht ihnen Sinn. Der Apostel Paulus formuliert den Zusammenhang zwischen Glaube, Hoffnung und Liebe: *„Auf Grund des Glaubens sind wir gerechtfertigt und haben Frieden mit Gott durch unseren Herrn Jesus Christus … Wir wollen uns der Hoffnung auf die Herrlichkeit Gottes rühmen. Aber nicht nur dies, wir wollen uns auch der Schwierigkeiten rühmen. Denn wir wissen, Schwierigkeiten bewirken Geduld. Geduld aber bewirkt Bewährung und Bewährung Hoffnung. Hoffnung aber läßt nicht zuschanden werden, denn die Liebe Gottes ist ausgegossen in unsere Herzen durch den Heiligen Geist"* (Röm 5,1–5).

Der Katechismus der Katholischen Kirche sagt dazu: *„Es gibt drei göttliche Tugenden: den Glauben, die Hoffnung und die Liebe. Sie werden von Gott in die Seele der Gläubigen eingegossen, um sie fähig zu machen, als seine Kinder* *zu handeln und das ewige Leben zu verdienen. Sie sind das Unterpfand dafür, daß der Heilige Geist in den menschlichen Fähigkeiten wirkt und gegenwärtig ist.*" (KKK 1813). Und weiter: „*Sie befähigen den Menschen, in Verbindung mit der heiligen Dreifaltigkeit zu leben. Sie haben den dreieinigen Gott zum Ursprung, zum Beweggrund und zum Gegenstand*" (KKK 1812).

Es entsteht also durch die drei göttlichen Tugenden eine Freundschaft zwischen Gott und Mensch, die Gott dem Menschen anbietet. Der Mensch darf sie annehmen, weil Gott in seiner Demut dem Menschen die Gleichberechtigung dazu gibt, indem er durch seinen Heiligen Geist die göttlichen Tugenden in das Herz des Menschen senkt.

Diese freundschaftliche Liebesbeziehung zwischen Gott und Mensch befähigt die Menschen auch zur Liebe untereinander. Jesus sagt: „*Wie mich der Vater geliebt hat, so liebe ich euch. Bleibt in meiner Liebe*" (Joh 15,9) und „*Wie ich euch geliebt habe, so sollt auch ihr einander lieben*" (Joh 15,12). Der Katechismus sagt dazu: „*Die Liebe ist jene göttliche Tugend, kraft derer wir Gott um seiner selbst willen über alles lieben und aus Liebe zu Gott unseren Nächsten lieben wie uns selbst*" (KKK 1822).

Die Liebe, die uns von Gott durch seinen Heiligen Geist ins Herz gegeben ist, „*sucht nicht ihren Vorteil*" (1 Kor 13,5). Deswegen soll sie sich nach dem Vorbild Jesu auch auf unsere Feinde ausdehnen (Mt 5,44), sie soll uns dem Fernsten als Nächsten erweisen, wie wir vom barmherzigen Samariter lernen können (Lk 10,27–37) und sich besonders auf die Kranken und Armen erstrekken: „*Was ihr dem Geringsten unter meinen Brüdern getan habt, das habt ihr mir getan*" (Mt 25,40–45).

Diese Formen der Liebe scheinen uns fremd, weil ungewohnt und unerreichbar mit unseren eigenen Kräften.

Aber wir dürfen nicht verwechseln zwischen unserem durchaus menschlichen, verständlichen und berechtigten Liebesbedürfnis, zu lieben in der Erwartung, geliebt zu werden (also doch einen Vorteil von unserer Liebe zu erwarten!) und jener Liebe, die Gott uns als erster geschenkt hat, ohne dabei an seinen Vorteil zu denken.

Gibt es einen Zusammenhang zwischen dieser menschlichen Liebe und der uns von Gott gegebenen? Durchaus! Wir brauchen uns unserer Gefühle der Zuneigung, sogar der Faszination und des Verlangens nicht zu schämen. Es gibt kein zweites Buch der Weltliteratur, in dem soviel von Liebe, Freundschaft, Ehe und Familie die Rede ist wie in der Bibel. Nicht umsonst gipfelt sie in dem Ruf: *„Der Geist und die Braut sagen: Komm! ... Der Mensch, der* Verlangen *hat, komme. Er empfange lebenspendendes Wasser umsonst"* (Apk 22,17). Dieses lebenspendende Wasser ist bei Johannes fast immer ein Symbol für den Heiligen Geist. Auf ihn ist letztlich all unser Verlangen gerichtet. Aber Gott kennt die Umwege und Irrwege, die dieses Verlangen gehen kann. Und er ist mit uns unterwegs – auch dort, wo wir von seinen Wegen abzuweichen meinen. Der Katechismus formuliert es besonders schön und treffend: *„Die christliche Liebe sichert und läutert unsere menschliche Liebeskraft. Sie erhebt sie zu übernatürlicher Vollkommenheit, zur göttlichen Liebe"* (KKK 1827).

Die Frage bleibt: So sehr sich jeder von uns nach Liebe und ihrer Erfüllung sehnt – was haben wir von der göttlichen Liebe? Was verändert und verbessert sie an unserem Alltag? Die meisten von uns fühlen sich durch eine intensive Gottesbeziehung gebunden, um nicht zu sagen eingeschränkt und bis in ihre Privatsphäre beobachtet: *„Was ich denke, was ich tu, immer schaut der Herrgott zu."* Dieser Kinderreim, der manchem von uns noch tief in den Knochen sitzt, stammt aber nicht vom Herrgott. Er steht auch weder in der Bibel noch im Katechismus. Er ist Ausdruck eines verzerrten Gottesbildes. Der liebende Gott, der überall und immer mit uns ist, aber uns den freien Willen geschenkt hat, um uns in der Würde unseres Menschseins nicht zu beeinträchtigen, wird hier zum Polizisten mit einer Videokamera gemacht, dem keine Überschreitung entgeht. Er läutert unsere Liebe nicht, er lähmt sie. Er macht uns unfrei. Das ist aber nicht der Gott der Bibel. Eine echte Gottesbeziehung führt uns in die Freiheit. Der Katechismus sagt: *„Das von der Liebe beseelte Leben gibt dem Christen die Freiheit der Kinder Gottes. Er verhält sich vor Gott nicht mehr wie ein Sklave in knechtischer Furcht und auch nicht wie ein Tagelöhner, der entlohnt werden will, sondern wie ein Sohn, der auf die Liebe dessen antwortet, der uns zuerst geliebt hat (1 Joh 4,29)"* (KKK 1828). Allein aus dieser Wahrheit, die uns frei macht, kann die Liebe als Freundschaft und Gemeinschaft zwischen Gleichgesinnten und Gleichberechtigten erwachsen. Liebende ziehen einander an und sind glücklich, einander zu dienen. Der Galaterbrief zählt die Früchte der Liebe auf, die aus dem Geist Gottes geboren sind: *„Friede und Freude, Langmut und Sanftmut, Güte und Treue"* (Gal 5,22f). Liebe ist Wohlwollen und will gegenseitig sein, um Freundschaft zu stiften, sagt der heilige Thomas von Aquin. Und der heilige Augustinus sagt dazu: *„Die Vollendung all unserer Werke ist die Liebe. Das ist das Ziel, um dessentwillen wir laufen, und an dem wir, wenn wir es erreicht haben, ruhen werden"* (Kom. zu den Johannesbriefen 10,4). Als Ursprung und Ziel von Glaube und Hoffnung ist die Liebe also jene Gabe des Heiligen Geistes, die uns zu einem streßfreien Dasein befähigt. Wie sagt der heilige Pfarrer von Ars? *„Wie leicht sind die Mühen dieser Welt, wenn wir den Heiligen Geist haben"*.

Die Auferweckung des Lazarus

Von der menschlichen zur göttlichen Liebe

Bei all ihrer Nüchternheit gibt es kaum eine Begebenheit im Neuen Testament, die von soviel Menschlichkeit geprägt ist wie diejenige von Krankheit, Tod und Auferwekkung des Lazarus in Betanien (Joh 11). Wir erleben hier eine menschliche Familie von drei Personen: Lazarus und seine beiden Schwestern Maria und Marta in ihrer ganzen Liebenswürdigkeit. Gerade in ihrer Schwäche wird sie zum Einfallstor der Liebe einer anderen „Familie“ aus drei Personen, nämlich dem Vater, dem Sohn und dem Heiligen Geist.

Die in Worten kaum faßbare Zärtlichkeit und die gleichzeitige Dramatik dieser Begebenheit ergeben sich aus der Sanftmut und Anmut, mit der die göttliche Liebe die menschliche Liebe prägt, erweitert und verwandelt, bis sie zum Vorzeichen einer neuen Schöpfung wird.

Die Informationen, die wir am Beginn des 11. Kapitels des Johannes-Evangeliums erhalten, sind denkbar knapp. Und doch sind sie ausreichend, Spannung entstehen zu lassen. Wir erfahren von Lazarus von Betanien, daß er auf den Tod krank ist, und von seinen beiden Schwestern Maria und Marta, die einen Boten zu Jesus schicken, er möge bald kommen, um Lazarus zu heilen. Von Jesus erfahren wir, daß er Maria und Marta und ihren Bruder Lazarus liebt – aber daß er es offenbar nicht eilig hat, ihnen zu Hilfe zu kommen. Das ist alles. Aber die Spannung ist gegeben: Warum läßt sich Jesus so viel Zeit, wenn er seine Freunde so sehr liebt?

Jesus, der sich mit den Jüngern *„jenseits des Jordans“* aufhält, um seiner Ermordung in Jerusalem zu entgehen, hat eine Begründung für sein Verweilen, die den Jüngern zunächst unverständlich erscheinen muß: *„Diese Krankheit ist nicht zum Tod, sondern um der Herrlichkeit Gottes willen, damit der Sohn Gottes durch sie verherrlicht werde.“* Diese Worte beziehen sich nicht nur auf die Auferweckung des Lazarus von den Toten, durch die sowohl der Vater als auch Jesus verherrlicht werden sollen, weil sie sich als Herr über Leben und Tod erweisen werden, sondern sie beziehen sich auch auf die Auferweckung Jesu durch den Vater, für die das Lazarus-Geschehen ein Vorzeichen ist.

Erst *„nach zwei Tagen“* ist Jesus bereit, sich nach Betanien auf den Weg zu machen. Er weiß, daß die Auferwekkung des Lazarus zu seinem eigenen Tod führen wird. Jesus begibt sich bewußt und freiwillig in eine bereits bis zum Bersten mit Haß und Neid erfüllte Atmosphäre der Kleingläubigkeit und der Rechthaberei. Weil seine Menschwerdung nicht in die Vorstellungen einiger weniger Menschen paßt, muß sein Leben ausgelöscht werden, damit diese Vorstellungen nicht in Frage gestellt werden müssen. Jesus weiß das. Aber er ist bereit, sein Leben hinzugeben aus Liebe zu den Freunden. Die göttliche Liebe nimmt menschliche Züge an, um sich den Menschen verständlich zu erweisen und sie schließlich zur göttlichen Liebe zu wandeln.

Die Jünger wollen Jesus warnen. Sie schätzen das Risiko als zu hoch ein. Ihre menschliche Liebe läßt sie festhalten am „Meister“: Mit ihm zu sein, heißt leben. Sein Tod würde auch ihren Tod bedeuten. Wieder antwortet ihnen Jesus auf eine für sie rätselhafte Weise: *„Hat der Tag nicht zwölf Stunden? Wenn einer bei Tag umhergeht, stößt er sich nicht, weil er das Licht der Welt hat“*. Jesus bezieht sich damit auf eine Wirklichkeit, die er kurz zuvor bei der Heilung eines Blinden erwähnt hatte: *„Ich muß die Werke dessen tun, der mich* *gesandt hat, solange es Tag ist"* (Joh 9,4). Auch diese Blindenheilung diente der Verherrlichung des Vaters und des Sohnes. Aber auch sie hatte Jesus nicht aus eigenem Willen bewirkt, sondern in der Vollmacht des Vaters.

„Nach zwei Tagen" also geht Jesus nach Jerusalem, nicht weil er den Zeitpunkt für günstig hält, sondern weil der Vater es so will. Im Heiligen Geist offenbart Jesus den Jüngern die ganze Wahrheit über das Schicksal des Lazarus – und noch mehr über den Sinn ihres Weges zu ihm: *„Lazarus ist gestorben. Und ich freue mich für euch, daß ich nicht dort war, damit ihr glaubt. Aber jetzt wollen wir zu ihm gehen."* Es geht Jesus und dem Vater also auch hier um den *Glauben* der Jünger.

Soweit zu glauben und zu denken aber sind die Jünger offensichtlich noch nicht in der Lage. Sie haben nur die unmittelbare Todesgefahr vor Augen. Der immer etwas ängstliche Thomas drückt aus, was sicher viele von den Jüngern dachten: *„Also gehen auch wir hin, damit auch wir mit ihm sterben."* Man weiß nicht, ob man über diesen Satz lachen oder weinen soll. Der Evangelist Johannes hat ihn sicher nicht ohne Grund und ohne eine gehörige Portion Ironie eingeflochten. Er zeigt das völlige Unverständnis der Jünger, um welche Dimensionen es hier geht – und was Jesus ihnen damit eröffnen möchte: die Liebe des Sohnes zum Vater durch den Heiligen Geist und die Teilhabe der Menschen an dieser Liebe. *Gott will sich selber schenken.* Er sucht die Liebe zu uns, damit wir auf diesem Geschenk seiner Gnade eine Freundschaft zu ihm aufbauen können: *Fundari amicitiam,* wie der heilige Thomas von Aquin sagt. Jesus nennt seine Jünger Freunde, weil er ihnen das kostbarste Geheimnis seines Lebens anvertrauen möchte: Seine Liebe zum Vater im Heiligen Geist. Die Jünger sollen hineinwachsen in das Geheimnis *dieser* Liebe.

Noch aber ist dieser Weg nicht vollendet. Das zeigt die Annäherung an den Ort des Geschehens in Etappen. Als Marta, die Schwester des schon seit vier Tagen toten Lazarus, hört, daß Jesus unterwegs zu ihnen ist, eilt sie ihm entgegen. Es kommt zu einer Begegnung auf halbem Weg. Martas Begrüßung ist nicht ohne einen Unterton des Vorwurfs. Aus ihrer Verzweiflung über die scheinbare Endgültigkeit des Todes ihres Bruders läßt sich das gut verstehen. Sie sagt zu Jesus: „*Wenn du hier gewesen wärst, wäre mein Bruder nicht gestorben*". Das Folgende klingt wie Hoffnung gegen jede Hoffnung: „*Aber auch jetzt weiß ich, daß dir Gott alles gewähren wird, worum du ihn bittest.*" Jesus antwortet Marta mit jener Sicherheit, die nur er haben kann: „*Dein Bruder wird auferstehen.*" Für Marta ist diese Aussage Jesu zu schön, um wahr zu sein. Bei allem Vertrauen zu ihm verweist sie höflich auf einen Termin, der ihr selbst wie der Sanktnimmerleinstag vorkommen muß: „*Ich weiß, er wird auferstehen bei der Auferstehung der Toten am Jüngsten Tag.*"

Jesus geht auf diesen verzweifelten Versuch einer Flucht nach vorn nicht ein. Er verweist Marta auf das Hier und Jetzt seiner Gegenwart. Weil Jesus Marta und Maria und ihren Bruder Lazarus liebt, möchte er auch mit ihnen das Fundament jener Freundschaft legen, das ihn mit den Jüngern verbindet. „*Ich bin die Auferstehung. Wer an mich glaubt, wird leben, auch wenn er stirbt.*" Wenn Jesus im Johannes-Evangelium sagt: „*Ich bin*", so ist damit immer die Gegenwart der ganzen Heiligen Dreieinigkeit gemeint. Durch den Glauben an das ewige Leben, in dem der Tod keine Macht mehr hat, will Jesus auch Marta teilhaben lassen an dem Geheimnis seiner Liebe zum Vater im Heiligen Geist. Jesus sagt weiter: „*Jeder, der lebt und an mich glaubt, wird in Ewigkeit nicht sterben. Glaubst du das?*" Der

Glaube ist der Schlüssel zum ewigen Leben – das ewige Leben ist die Frucht des Glaubens. Beides aber, der Glaube wie das ewige Leben, bilden den Zugang zum Geheimnis der Liebe der drei göttlichen Personen und werden dadurch zur Grundlage menschlicher Freundschaft mit ihnen.

Die Herausforderung des Glaubens der Marta auf halbem Wege läßt sie doch noch auf eine Veränderung der scheinbar aussichtslosen Situation hoffen. Sie eilt allein zurück nach Betanien, um ihre Schwester Maria zur Begegnung mit Jesus zu ermutigen: *„Der Meister ist da, und er ruft dich"*.

Auch Maria möchte allein mit Jesus sprechen. *„Sie stand geschwind auf und ging zu ihm"*. Aber es gelingt ihr nicht, mit Jesus allein zu sein. Die versammelten Juden folgen ihr, weil sie meinen, Maria wolle zum Grab ihres Bruders gehen, um dort zu trauern. Aber auf halbem Weg wirft sie sich weinend vor Jesus nieder – und auch sie vermag nicht, den Unterton des Vorwurfs zu vermeiden: *„Herr, wärest du hier gewesen, so wäre mein Bruder nicht gestorben."*

Die Reaktion Jesu auf die Tränen der Maria und die Tränen der Menge, die ihr gefolgt ist, also das menschliche Mitleiden Jesu mit so viel Leid, wird mit sehr verschiedenen Worten wiedergegeben. Manche Übersetzungen sagen, „Jesus ergrimmte". Das mag sprachlich korrekt sein, aber es klingt fast so, als würde Jesus zornig über soviel Trauer und so wenig Glauben. Vom Sinn her treffender ist die Deutung von Karrer: *„Als Jesus sie weinen sah, ward er im Geist ergriffen und innerlich bewegt."* Wir sehen hier, wer die menschliche Bewegung Jesu, um nicht zu sagen seine Erschütterung, auslöst: Es ist der Heilige Geist, die Liebe Gottes zu den Menschen, auf der alle Freundschaft gegründet ist.

Diese Liebe des Vaters wird sich in der nun folgenden Szene durch die Menschlichkeit und die Freundschaft seines Sohnes offenbaren. Die Menschen sollen erkennen, wer der Herr über Leben und Tod ist. Dadurch aber wird das, was sich hier ereignet, zum Vor-Bild für Tod und Auferweckung Jesu. Seine Kreuzigung ist nicht das Ende eines Aufruhrs, wie die um Ruhe und Ordnung besorgten Römer und einige wenige Verantwortliche der Juden hofften, sondern sie wird zum Beginn der neuen Schöpfung: einer neuen Offenbarung der Liebe Gottes, in der die Sünde und alles Unheil als Zeichen der Absonderung von ihm keine Macht mehr haben. In diesem Licht wollen wir das nun Folgende zu verstehen suchen.

Vom Heiligen Geist zum Mitleid bewegt, will Jesus wissen, wo sein Freund Lazarus sich befindet: *„Wo habt ihr ihn hingelegt?“* Auf die Einladung der weinenden Maria und der Menge, sie zum Grab des Lazarus zu begleiten, ist auch Jesus zu Tränen bewegt. Die Juden sagen voller Staunen: *„Seht, wie lieb er ihn hatte“*. Sie sind sicher, die Tränen Jesu sind Tränen der Trauer wie die ihren, Ausdruck seines Mitleidens mit ihnen. Das sind sie gewiß auch. Aber sie sind mehr. Die Tränen Jesu sind äußere Zeichen seiner inneren Bewegung durch den Heiligen Geist. Und das heißt, es sind Tränen der Freude, Tränen der Liebe Gottes, Tränen der Dankbarkeit, daß Gott, der Vater, das Wunder der Auferweckung des Lazarus gewähren wird, wie er verheißen hat, um Jesus zu verherrlichen vor den Menschen und dadurch auch sich selbst zu verherrlichen. Den Menschen soll als Gabe und Zeichen der Freundschaft der Glaube an die alles überwindende Liebe Gottes neu offenbart werden.

Aus dieser geheimnisvoll verborgenen, aber darum nicht weniger wirklichen und wirksamen Einheit des

Vaters mit dem Sohn durch den Heiligen Geist ergibt sich die Dramatik der nun folgenden knappen Szene. Die Einwände einiger Juden: *„Konnte er, der die Augen des Blinden geöffnet hat, nicht bewirken, daß dieser (Lazarus) nicht starb?"* zeigen nur, in welch magischer Erwartung sie befangen sind: Jesus kann das doch – warum macht er es nicht? Gemeint ist: Wie es unseren Vorstellungen entspricht, damit wir zufrieden sind und hier nicht weiter trauern brauchen. Aber dieser Einschub scheint nur wie ein Verzögerungsmoment für das, was sich nun ereignen muß nach einem ganz anderen Plan und mit einem ganz anderen Sinn und Ziel.

Am Grab seines Freundes angekommen, das sich in einer Höhle befindet und mit einem runden Stein verschlossen ist, ruft Jesus als Zeichen seiner Freundschaft: *„Hebt den Stein weg!"* Die sonst so geistesgegenwärtige Marta wird von einer leisen Panik ergriffen und flüstert Jesus zu: *„Herr, er liegt schon den vierten Tag hier. Und er riecht schon."* Aber auch durch diese Geste will Jesus nichts anderes als den Glauben der Marta und der anderen herausfordern, um sie an der Gottesfreundschaft teilhaben zu lassen. *„Jesus sagte zu Marta: ‚Habe ich dir nicht gesagt, daß du die Herrlichkeit Gottes sehen wirst, wenn du glaubst?"* Dieses „Sehen" der Herrlichkeit Gottes bedeutet nichts anderes als das Hineingenommenwerden in das Geheimnis der Liebe der drei göttlichen Personen. Das wird möglich, indem die Zeichen, die Jesus in der Vollmacht des Vaters durch den Heiligen Geist wirkt, im Glauben aufgenommen werden. Durch den Glauben soll für die Menschen offenbar werden, was diese Zeichen bezeichnen wollen: Am Beispiel der Auferweckung des Lazarus soll deutlich werden, daß Gott der Herr über Leben und Tod ist. Der körperliche Tod hat keine Macht mehr über die Menschen.

Das Wegheben des Steines von der Höhle des Grabes hat keine andere Bedeutung, als daß den Verwandten und Freunden des Lazarus jener „Stein vom Herzen fällt“, der sie bis dahin noch für die Liebe Gottes verschlossen hielt. Aber die Öffnung des Grabes ist noch nicht alles. Denn noch liegt dort ein Toter. *„Wer nicht liebt, bleibt im Tod“*, sagt Johannes (1 Joh 3,14). Jesus will den Umstehenden zeigen, welches Vertrauen seine Beziehung zum Vater beseelt, damit die Menschen durch den Glauben in dieses Vertrauen hineinwachsen. Denn durch dieses Vertrauen im Glauben werden selbst die Toten lebendig: Sie werden zur Liebe befreit.

Jesus betet also zum Vater, und dieses Gebet klingt wie eine Bestätigung, daß die Tränen um seinen Freund Lazarus tatsächlich Tränen der Freude und der Dankbarkeit waren: *„Vater, ich danke dir, daß du mich erhört hast. Ich wußte ja, daß du mich allezeit erhörst. Aber wegen des ringsum stehenden Volkes habe ich es gesagt, damit sie glauben, daß du mich gesandt hast.“* Die Bitte Jesu: *„damit sie glauben“* bedeutet noch einmal, daß ihnen der Weg in die Gottesfreundschaft erschlossen wird. Aber es heißt auch, daß durch diese Einbeziehung in die Liebe der drei göttlichen Personen die Liebe unter den Menschen deutlicher offenbar wird: daß Verletzungen und Mißverständnisse, Ungerechtigkeit und Sinnlosigkeit überwunden werden.

Der Befehl Jesu *„mit lauter Stimme“: „Lazarus, komm heraus“*, klingt auf dem Hintergrund seines Gebetes zum Vater wie eine liebevolle Heraus-Forderung an alle Menschen, was tot ist, hinter sich zu lassen – und aus der öden Finsternis ihres Daseins in ein neues Licht zu treten: Einzutreten in das Leben – und zwar das ewige Leben. Die Auferweckung des Lazarus, die Jesus hier in der Kraft des

Heiligen Geistes bewirkt, ist nichts anderes als ein Beispiel für die Auferweckung der vielen.

Aber noch ist Lazarus den Gebräuchen der Zeit entsprechend an Händen und Füßen gebunden, auch sein Haupt ist mit einem Schweißtuch bedeckt. Diese Bindungen entsprechen den Gewohnheiten des alten Menschen, die wir gern für Verpflichtungen halten, um uns nicht von ihnen trennen zu müssen.

Dennoch kommt Lazarus ans Licht: Der seit vier Tagen Tote bewegt sich wieder. Aber er kann das Licht noch nicht erkennen. Er muß schweben, weil er die Füße noch nicht auf den Boden bringt. Und er kann noch nicht handeln, die Realität nicht umarmen, weil ihm Hände und Arme gebunden sind. Jesus muß ihn also erst aus all diesen Bindungen lösen mit den heilenden und befreienden Worten: *„Bindet ihn los!“* Das kann Lazarus nicht allein. Jesus muß ihn aus seinem Schwebezustand herunterholen auf den Boden der Tatsachen, daß er mit seinen eigenen Beinen den neuen Weg unter die befreiten Füße nimmt.

„Laßt ihn gehen!“, sagt Jesus. Diese Aufforderung zum Handeln wendet sich an die staunende Menge, die dieses Zeichen der Herrlichkeit Gottes mit eigenen Augen miterlebt. Durch die Aufforderung, Lazarus die Binden zu lösen und ihn gehen zu lassen, werden die zum Glauben Gekommenen in die Gottesfreundschaft einbezogen: Sie werden am Erlösungswerk Jesu beteiligt. Durch die Befreiung von den Binden dürfen sie mithelfen, daß sich vor Lazarus der neue Weg eröffnet, und daß er ihn in der Gemeinschaft seiner Schwestern und Brüder eigenständig gehen kann.

Diese letzte Herausforderung Jesu: *„Laßt ihn gehen“*, klingt wie ein *„Ite missa est“:* Jesus hat Lazarus und mit ihm das neue Gottesvolk nicht nur zur Freundschaft, sondern auch zur Verkündigung dieser Freundschaft Gottes befreit und gesendet. Damit weist Jesus bereits über seinen eigenen Tod hinaus in die kommende Zeit seiner Gegenwart als der Auferstandene, der die Jünger aussendet in der „Kraft von oben", aus der die Kirche geboren ist und lebt.

„Siehe, deine Mutter!"

Maria unter dem Kreuz ihres Sohnes

Auf der Hochzeit zu Kana hatte Jesus zu Maria gesagt: *„Meine Stunde ist noch nicht gekommen".* Er wollte ihr damit deutlich machen, daß er weder nach ihren noch nach seinen Plänen handeln kann, sondern daß es seine Speise ist, den Willen dessen zu tun, der ihn gesandt hat (vgl. Johannes 4,34).

Die *„Stunde"* Jesu ist sein Tod am Kreuz. Im Blick auf diese Stunde sagt Jesus: *„Wenn ich von dieser Erde erhöht bin, werde ich alles an mich ziehen"* (Johannes 12,32). Es ist die Stunde, in der Jesus von dieser Welt zurück zum Vater geht (Johannes 13,1), die Stunde, in der er vom Vater verherrlicht wird (Johannes 13,31), in der das Lamm Gottes die Sünde der Welt hinwegnimmt (Johannes 1,29). Schon zu Nikodemus hatte Jesus gesagt: *„Es steigt niemand zum Himmel empor, als der vom Himmel herunterkam, des Menschen Sohn. Und wie Mose die Schlange in der Wüste erhöhte, so muß des Menschen Sohn erhöht werden, damit jeder, der an ihn glaubt, das ewige Leben habe"* (Johannes 3,13–15). Auch bei diesem erhabensten Zeichen Jesu geht es ihm also vor allem um den Glauben an Gott und um die Frucht des Glaubens: das ewige Leben.

In der *„Stunde"* Jesu ist Maria unter dem Kreuz gegenwärtig. Aber sie ist nicht allein. Der Lieblingsjünger Jesu, Johannes, ist da. Und mit ihm eine Reihe von Frauen. Nirgendwo erweist sich Maria so intensiv als Mittlerin der Einheit und der Liebe wie unter dem Kreuz. Das Kreuz ist der intensivste Ort der Einheit des Sohnes mit dem Vater. Der 22. Psalm, den Jesus am Kreuz betet, beginnt zwar mit den Worten: *„Gott, mein Gott, warum hast du mich verlassen?"* Aber man kann daraus nicht schließen, daß dies die Kundgebung der Solidarität Jesu mit einer verlassenen Menschheit bedeutet, wie verschiedene moderne Autoren meinen. Im Gegenteil, der 22. Psalm ist ein Triumphpsalm, mit dem Jesus die Königsherrschaft Gottes über alle Zeiten und Räume verkündet. Die letzten Verse lauten: *„Alle Enden der Erde sollen an ihn denken, sie werden umkehren zum Herrn. Vor ihm werfen sich alle Stämme der Völker nieder. Denn der Herr regiert als König, er herrscht über die Völker. Vor ihm allein sollen niederfallen die Mächtigen der Erde, vor ihm sich alle niederwerfen, die in der Erde ruhen. Denn er hat es vollbracht"* (Ps 22,28–32). Freilich wird schon in diesem Triumphpsalm vorausgesagt, daß die Königsherrschaft Gottes sein *Dienst* an den Armen ist: *„Die Armen sollen essen und sie werden gesättigt, den Herrn werden preisen, die ihn suchen, ihre Herzen werden leben in Ewigkeit"* (Ps 22,27).

Maria kann als die Mittlerin dieser über alle Mächte des Bösen triumphierenden Einheit der Liebe des Sohnes mit dem Vater gesehen werden, denn sie ist es, die mit Jesus und dem ganzen jüdischen Volk diesen 22. Psalm zur Ehre des Vaters betet. Der 22. Psalm gehört in der Tradition bis heute zu *mincha,* dem jüdischen Abendopfer, aus dem sich unsere *Vesper* entwickelte. Diese Liebeseinheit Jesu, sowohl mit seinem Vater als auch mit Maria und seinem jüdischen Volk, hat sich dem Bewußtsein der Kirche so fest eingeprägt, daß der heilige Augustinus sagen konnte: *„Am Kreuz brachte er das Abendopfer dar und durch seine Auferstehung das Morgenlob"*.

Durch ihr Gebet mit ihrem Sohn und ihrem Volk zum Vater wird Maria aber nicht nur zur Mittlerin der Liebeseinheit von Vater und Sohn, sondern auch von Gott und Menschen und der Menschen untereinander. Durch ihre Gegenwart unter dem Kreuz und ihr Mitleiden an den Todeswehen ihres Sohnes wird sie zur Miterlöserin der Menschen von Isolierung und Gefangenschaft durch die Sünde. Der heilige Hieronymus, ein Kirchenvater des 4. Jahrhunderts, sagt über die Mitwirkung Marias am Erlösungswerk Jesu: *„Der Tod kam durch Eva, das Leben durch Maria"* (Briefe 22,21).

Durch ihre Mitwirkung an der Befreiung von der Knechtschaft der Sünde aber wird Maria endlich auch zur Mittlerin der Einheit des Menschen mit sich selbst, jener Einheit, die seit dem Hören von Adam und Eva auf die Einflüsterung der Schlange den Menschen verlorenging: Leib und Geist, Wille und Vernunft des Menschen werden erneut zu einem Ganzen. *„Selig ist sie (Maria), weil durch sie das Geschlecht Adams erneuert wurde, und die Gefallenen wieder aufgerichtet sind, die aus dem Hause des Vaters gestürzt worden waren"*, sagt der Syrer Jakob von Batäa, ein Kirchenvater des 5. Jahrhunderts.

Sichtbar ausgedrückt wird die Aufgabe Marias als Mittlerin der Liebe unter dem Kreuz durch die Tatsache, daß sie dort nicht allein ausharrt. Außer den Frauen steht ihr Johannes zur Seite, der Lieblingsjünger Jesu. An beide, Maria und Johannes, wendet sich Jesus mit den Worten: *„Frau, siehe, dein Sohn! Danach sprach er zu dem Jünger: Siehe, deine Mutter! Und von jener Stunde an nahm sie der Jünger zu sich"* (Joh 19,25–27).

Von den vielen Möglichkeiten, diese knappen Worte zu verstehen, ist jene die verbreitete, welche die Liebe Jesu zu seiner Mutter als Vorbild jeder menschlichen Liebe betont. Der heilige Augustinus schreibt: *„Ich werde dich als Mutter erkennen, wenn am Kreuz die Schwachheit hängt, deren Mutter du bist“* (Johannes-Kommentar 8,9).

Sinn dieses Textes ist offenbar, die Liebe des göttlichen Sohnes zu seiner irdischen Mutter zu betonen und damit den Gläubigen ein Vorbild zu geben. Ähnlich hatte schon der heilige Ambrosius, der Lehrer des heiligen Augustinus, gesagt: *„Der Text lehrt, welchem Vorbild die Mutterliebe nacheifern soll und welchem die Kindesliebe nachstreben muß“* (Lukas-Kommentar 10). Aber Ambrosius geht weiter, er sieht in Maria nicht nur das Vorbild menschlicher Liebe und Treue, er sieht in der Tatsache, daß Jesus seine Mutter dem Johannes anvertraut, das Bild der Kirche, welche die Einheit aller Gläubigen und ihres Glaubens darstellt: *„Möge Christus auch dir vom Kreuz herab sagen: Siehe, deine Mutter. Möge er auch zur Kirche sagen: Siehe, dein Sohn. Dann nämlich beginnst du, ein Sohn der Kirche zu sein, wenn du am Kreuz Christus, den Sieger, siehst“* (Lukas-Kommentar 8).

Aus dieser Sicht Marias als Symbolfigur der Gläubigen entwickelte sich später die Auffassung, daß sie durch ihr Ausharren unter dem Kreuz im Mitleiden mit ihrem Sohn zur Mutter der Kirche geworden wäre und das Heil und die Einheit aller Gläubigen geboren hätte. So schreibt Rupert von Deutz (gestorben 1130): *„Weil Maria hier wahrhaft die Schmerzen der Geburt im Leiden ihres eigenen Sohnes erduldet hat, hat die allerseligste Jungfrau der Welt unser aller Heil gebracht, darum ist sie unser aller Mutter“* (Johannes-Kommentar XIII). In unserer Zeit schreibt Max Thurian, Bruder von Taizé, der zum katholischen Priester geweiht wurde: „*Maria durchkostet das Leid einer Frau, die ihr einziges Kind sterben sieht, sie erleidet auch den geistlichen Schmerz einer Glaubenden, die ihre Hoffnung sterben sieht; unter dem schmerzlichen Anblick, daß augenscheinlich alles verloren ist, gebiert sie ihren Glauben an die Auferstehung. Hier kommt die Weissagung Simeons zu ihrer äußersten Erfüllung: ‚Ein Schwert wird deine Seele durchdringen' … Durch den Glauben ist sie im vollen Sinn die Tochter Zion, die unter Schmerzen ihre Hoffnung, nämlich die glaubende und bis ans Ende getreue Kirche gebiert*" (Maria, Mainz 1965, 194).

Durch ihren Glauben und ihre Liebe wird der menschliche Schmerz Marias nicht weniger intensiv. Das Schwert, das ihre Seele durchdringt, wird nicht weniger scharf. Aber dieses Schwert erstrahlt im Glauben als das Schwert des Wortes Gottes. Darum wandelt dieses Schwert des Wortes gerade ihren intensivsten Schmerz in Freude: in die Freude über die Geburt der Kirche und der Gläubigen, die sich aus den Wehen des Todes ergibt.

Der heilige Bernhard von Clairvaux (gestorben 1153) faßt das miterlösende Leiden in Liebe Marias unter dem Kreuz ihres Sohnes zusammen: „*Die grausame Lanze schonte den Toten nicht, doch sie konnte ihm nicht mehr schaden und öffnete nur seine Seite. Seiner Seele konnte sie nichts mehr anhaben, aber deine Seele durchdrang sie. Seine Seele war nicht mehr da, aber deine Seele konnte von dort nicht losgerissen werden. Die Kraft des Schmerzes durchdrang deine Seele. Wir könnten dich mit Recht als die Königin der Märtyrer preisen, da in deinem Herzen die Wirkung des Mit-Leidens stärker war als die des leiblichen Leidens … Doch vielleicht wendet jemand ein: ‚Wußte sie denn nicht im voraus, daß er sterben werde?' ‚Ohne Zweifel!' ‚Hoffte sie nicht, daß er sogleich wieder auferstehen werde?' Aber gewiß! ‚Und trotzdem schmerzte es sie, daß er gekreuzigt wurde?' Ja, es schmerzte sie heftig! ... Warum wunderst du dich mehr über das Mit-Leiden Marias als über das Leiden ihres Sohnes? Da er dem Leibe nach sterben konnte, wie hätte da ihr Herz vermocht, nicht mit ihm zu sterben? Jenes bewirkte die Liebe, die größte, die es gibt. Aber auch dieses tat die Liebe, die zweitgrößte nach jener"* (Predigt zum Festgeheimnis von Mariä Himmelfahrt).

Worin besteht die Liebe Marias nach dem Tod ihres Sohnes? Worin besteht ihre Offenheit für den Geist Gottes und die Menschen? Was zeichnet sie aus vor allen – und was hat sie mit allen gemeinsam? Zunächst einmal wird der Tod Jesu besiegelt mit dem Lanzenstich.

Dieser Lanzenstich war an sich vollkommen unnötig, denn es stand fest, daß Jesus bereits tot war. Dieser Lanzenstich hat darum eine umso größere symbolische Bedeutung: Es ist das Herz Jesu, das sich öffnet, damit aus ihm sein Blut überfließt und *„Quellen lebenspendenden Wassers"* sprudeln. Die Kirchenväter haben darin die Sakramente der Eucharistie und der Taufe gesehen, grundlegend für den Glauben und die Liebe der auf diese Weise entstandenen Kirche. Aber schon die Propheten des Alten Bundes hatten die gleichzeitige Reinigung, Erlösung und Fruchtbarkeit der Schöpfung durch eine *„Quelle des Lebens"* vorausgesagt. Bei Sacharja heißt es: *„Über das Haus David und die Bewohner Jerusalems will ich einen Geist der Gnade und des Flehens gießen, und sie werden hinschauen auf den, den sie durchbohrt haben ... In jenen Tagen wird dem Haus David und den Bewohnern Jerusalems ein Quell aufgetan sein, Sünde und Unreinheit abzuwaschen"* (Sach 12,10; 13,1)

Auch bei Ezechiel findet sich dieses Thema: *„Ich werde euch mit reinem Wasser besprengen, damit ihr rein werdet.*

Von all eurer Unreinheit und von all euren Götzen werde ich euch reinmachen. Ich werde euch ein neues Herz geben und einen neuen Geist in euer Inneres legen. Ich nehme euch das Herz aus Stein und gebe euch ein Herz aus Fleisch. Ich lege meinen Geist in euer Inneres" (Ez 36,25–27). Bei Ezechiel ist dieses reinigende Wasser aus der Quelle des Tempels in Jerusalem unmittelbar verbunden mit der Wiederbelebung der Wüste (47,1–12). Die Offenbarung des Johannes wird dieses Thema aufgreifen: *„Und dann zeigte mir der Engel den Strom mit dem Wasser des Lebens, der glitzerte wie Kristall, hervorquellend vom Thron Gottes und des Lammes"* (Apk 22,12). Auch hier entsteht durch diesen Strom neues Leben in der Wüste zur Heilung der Völker: *„Hüben und drüben (am Strom) stehen Bäume des Lebens. Zwölfmal tragen sie Früchte, jeden Monat einmal. Und die Blätter der Bäume dienen zur Heilung der Völker"* (Apk 22,2).

Jesus hat die Propheten des Alten Bundes aufgegriffen und am Laubhüttenfest, an dem man vor allem um neuen Regen und neue Fruchtbarkeit betet, im Tempel in Jerusalem ausgerufen: *„Wen dürstet, der komme zu mir, und es trinke, wer an mich glaubt – wie die Schrift sagt: ‚Ströme lebenspendenden Wassers werden aus seiner Seite fließen'"* (Joh 7,37 vgl. Jes 55,1–3). Johannes fügt diesem Ruf Jesu hinzu: *„Damit meinte er den Geist, den alle empfangen sollten, die an ihn glaubten, denn der Geist war noch nicht gegeben, weil Jesus noch nicht verherrlicht war"* (Joh 7,39). In der *„Stunde"* Jesu am Kreuz aber ist er nun verherrlicht und er kann jetzt – im Augenblick seines Todes – sein Haupt neigen, es Maria und Johannes zuneigen und ihnen den Geist übergeben. Max Thurian, dem ich wesentliche Anregungen zu dieser Arbeit verdanke, schreibt: *„Im Tode Christi, unter den Geburtswehen der Tochter Zion, an denen die messianische Gemeinde teil hat, die unter dem Kreuz* *dargestellt wird durch die Mutter Jesu und den Lieblingsjünger, wird das neue Volk des neuen Bundes geboren. Ihm hat der Gekreuzigte den Geist übergeben … Die Kirche im Geist ist von nun an Mutter der Glaubenden … Sie ist unter dem Kreuz in Maria … sichtbar geworden … Maria, das Bild der Mutter Kirche, nimmt Johannes, den treuen Jünger als ihren Sohn auf, und dieser nimmt sie zu sich. Beide stehen sinnbildlich für die Einheit der Kirche*" (ebd. 198).

„Heilt die Kranken und sagt: Das Reich Gottes ist nahe"

Heilung und Evangelisation

Vieles ist aufgebrochen in der Kirche an der Schwelle zum dritten Jahrtausend. In wesentlichen Bereichen ist die Kirche erneuert worden. Es hat sichtbare und spürbare Veränderungen gegeben. Als ein Beispiel unter anderen sei nur die Entstehung der neuen geistlichen Bewegungen und der daraus hervorgegangenen Lebensgemeinschaften erwähnt, sowie in ihrer Folge – wie immer in der Kirchengeschichte – die innere Erneuerung der klassischen Orden.

Aber auch Ernüchterungen und Enttäuschungen hat es gegeben, Kämpfe und Verwundungen. Es hat nicht nur die mit Beharrlichkeit Begeisterten und die ewig Junggebliebenen gegeben, sondern auch jene, die müde geworden sind: die gegangen sind, weil sich ihre Erwartungen nicht erfüllt haben – oder nicht so, wie sie sich das vorgestellt hatten.

Wir haben lernen müssen, daß es sich nicht so leicht *„mit meinem Gott über Mauern springen"* läßt, wie der Psalmist das sagt (Ps 18,30). Wir haben einsehen müssen, daß das nicht nur am naiven Optimismus des Psalmisten liegt, sondern auch an unserem Mangel an Glauben und Vertrauen. Manche Mauern haben sich als höher und dicker erwiesen, als wir sie eingeschätzt hatten.

Damit meine ich nicht nur die Mauern nach „außen". Die Illusionen der ersten Jahre nach dem Konzil, daß es nur eine Frage der Zeit sein werde, bis die Einheit der Kirche in greifbare Nähe rückt, sind vergangen. Nicht nur von außerhalb der Kirchen bläst uns der Wind schneidender ins Gesicht – oft genug mit Spott und Hohn verbunden –, sondern auch zwischen den Konfessionen und innerhalb unserer Kirche ist der Ton rauher geworden. Der Versuchung, sich in ein geistliches Ghetto zurückzuziehen, ist nicht von allen widerstanden worden.

Wir haben lernen müssen, daß es auch mit der Hilfe des Heiligen Geistes nicht immer leicht ist, sich *„versöhnen zu lassen in Christus"*, wie der Apostel Paulus der jungen Christengemeinde in Korinth anmahnt (2 Kor 5,20). Menschliche Trägheit, Rechthaberei, Besserwissen und vor allem Hochmut spielen ihre Rolle, wenn es um die Dicke der Mauern geht, die sich auch mit Gottes Hilfe nicht so leicht überspringen lassen.

Das alles ist sehr menschlich. Es zeigt, daß engagierte Christen normale Menschen sind, vor denen das Habenwollen und Herrschenwollen nicht halt macht. Das ist durchaus verständlich. Aber es hat seine Konsequenzen. Es kann keine Evangelisation geben ohne Heilung, vor allem nicht ohne innere Heilung, sprich Versöhnung. Denn Evangelisation heißt nun einmal Verkündigung der *Frohen Botschaft*, und zwar durch die Art, wie wir gemeinsam leben. Wenn die Menschen nicht sagen können: *„Seht, wie sie einander lieben"*, kann von Froher Botschaft nicht die Rede sein. Aber damit das geschehen kann, muß man erst einmal seines Lebens froh werden! Und das kann nicht geschehen ohne Versöhnung, deutlicher gesagt, ohne Verzicht auf Habenwollen und Herrschenwollen. (Das deutsche Wort „Verzicht" kommt von „verzeihen"!) Was heißt das? Es heißt, so zu leben, wie Jesus gelebt hat: Als der Ärmste auf dem letzten Platz.

Aber es gibt auch noch andere Formen des Verzichts auf Habenwollen und Herrschenwollen, die für unsere innere Heilung und Versöhnung unverzichtbar sind, damit die Evangelisation fruchtbar werden kann. Ich meine zum Beispiel den Verzicht auf geistlichen Konsum: „Was bringt mir dieses Treffen?" – „Wie gut fühle ich mich in dieser Gruppe?" – „Wie stimmig ist die Art dieser Leiterin für mich?"

Es gibt noch weitere Formen geistlichen Habenwollens und Herrschenwollens: „Jetzt bete ich in dieser Gruppe schon seit zwanzig Jahren jeden Mittwochabend – und die Geistesgaben gehen an diese Seelentouristen, die alle halbe Jahre mal vorbeischauen. Und die lassen sich dann auf den internationalen Treffen herumreichen, und die tun im Fernsehen so, als ob ..."

Als ob was? Als ob sie den Heiligen Geist mit Löffeln gegessen haben? Ihn für sich ganz allein vereinnahmt haben? Sicher gibt es auch die, die so tun, als ob ... Leider gibt es auch die! Denn sie erweisen niemandem einen guten Dienst – am wenigsten sich selbst. Und einige haben ihr öffentliches Habenwollen und Herrschenwollen teuer bezahlen müssen: *„Hochmut kommt vor dem Fall."* Dabei sollten wir nicht vergessen, daß man nicht tiefer fallen kann als in die Arme Gottes. Wir haben also nicht zu verurteilen, sondern zu verstehen und zu lernen.

Zu Fall gekommen sind einige durch den Traum von der großen Karriere. Der Traum von der großen Karriere mit einer kleinen Geistesgabe – wer von uns hätte ihn noch nie geträumt? – beruht jedoch auf einer grotesken Verwechslung: Es geht im Reich Gottes nicht um diese oder jene Gabe, sondern es geht um *Hingabe.* Erst in der Hingabe an Jesus im *„geringsten seiner Brüder"* werden wir unseres Lebens froh, um die Frohe Botschaft weiterzugeben. Denn dort, wo wir unser Leben hingeben, ohne zu fragen: „Was bringt *mir* das?" und „Wie fühle *ich* mich dabei?", werden wir von der geheimnisvoll verborgenen, aber höchst wirklichen und wirksamen Gegenwart Jesu in den Geringsten mehr Gnaden empfangen, als wir je zu geben vermögen. Erst wenn die Aidskranken, die Asylbewerber und die Arbeitslosen, die geistig Behinderten und die Homosexuellen das gleiche Heimatrecht in unseren Gruppen und Gemeinschaften haben wie jeder andere auch, erst wenn wir mit diesen Menschen, um die wir als gute Christen am liebsten immer noch einen Bogen machen, tief in unserem Herzen versöhnt sind und in Frieden leben können, weil wir in ihnen unsere eigenen Schwächen und Behinderungen erkannt und angenommen haben, dann haben wir Jesus angenommen in unserer Mitte. Dann haben wir seinen Heiligen Geist empfangen. Dann leben wir als geistbegabte Menschen, denen ihre Schwächen nichts mehr anhaben können. Dann haben wir alle Geistesgaben und die ganze Heilung und Versöhnung empfangen, die wir zur Weitergabe der Frohen Botschaft brauchen.

Genauso wie es nicht um diese oder jene Gabe geht, sondern um die eine Hingabe an Jesus Christus in dem geringsten seiner Brüder, geht es auch nicht um diese oder jene Heilung durch diesen oder jenen Pater, den man unbedingt erlebt haben muß, um heil zu werden. Es geht um die Begegnung mit dem Heiland Jesus Christus. *„Denn in ihm leben wir, bewegen wir uns und sind wir"* (Apg 17,28). Die großen Heiligen und Lehrer geistlichen Lebens, wie zum Beispiel die heilige Teresa von Avila, warnen mit Nachdruck vor einem einseitigen Streben nach den Geistesgaben. Sie sagen, wir dürfen über den Gaben nicht den Geber vergessen und über seinen Tröstungen nicht den Tröster.

Wesentlicher als alle subjektiven Geisterfahrungen, so wertvoll und heilend sie für den einzelnen und für die Gemeinschaft auch sein mögen, bleiben für uns die objektiven Gaben der Kirche: Ich meine die Sakramente als sichtbare Zeichen des unsichtbaren Heils. Die Kirche ist nun einmal geboren aus der geöffneten Seite unseres Heilands. *Diese* Gabe der Kirche – die kostbarste Gabe! – sollten wir lieben und immer neu begehren als die eigentliche Quelle unseres Heils und unserer Heilung. In den Texten des Zweiten Vatikanischen Konzils heißt es dazu: *„Die Feier der Eucharistie ist Quelle und Höhepunkt aller Evangelisation“.* Wenn der Priester uns am Schluß aussendet – von dieser „Sendung“ her hat die heilige Messe ihren Namen – mit den Worten: *„Ite missa est – Gehet hin in Frieden“,* dann heißt das nicht: Seid mal schön friedlich, und sagt nicht so laut, wo ihr gerade herkommt, sondern es bedeutet: Bezeugt durch euer ganzes Leben jenen Frieden, der auf euch überfließt durch das kostbare Blut aus dem geöffneten Herzen unseres Heilands. Es ist der Überfluß seiner Liebe und seines Friedens, den wir weitergeben dürfen. Jesus will dieses Vorrecht nicht für sich allein behalten. Er möchte es mit uns teilen.

Vor dem Friedensgruß sagt der Priester an Christi Statt: *„Gebt einander ein Zeichen des Friedens und der Versöhnung“:* Wir Dominikaner hatten bis zur Liturgiereform eine besonders schöne Geste. Bevor der Priester sagt: *„Der Friede des Herrn sei mit euch!“,* küßte er den Kelch mit dem kostbaren Blut, um damit zu verdeutlichen: Es ist nicht sein persönlicher Friede – der des Priesters –, den er den Gläubigen weitergibt, sondern jener Friede, der aus dem geöffneten Herzen Jesu überfließt: der Friede des mystischen Leibes Christi, der Friede der Kirche. *Diesen* Frieden dürfen wir während der Meßfeier einander weitergeben und voneinander empfangen, um ihn nach der Sendung mit den anderen Menschen zu teilen durch unser Leben. Zum Zeichen dieses Friedens geben wir uns gewöhnlich die Hand oder beide Hände. Woher kommt diese Geste, die wir so gewohnt sind, daß wir uns nichts dabei denken? Wenn zwei Ritter im Mittelalter eine Fehde miteinander hatten und ihren bewaffneten Streit friedlich beenden wollten, dann klappten sie als erstes ihre eisernen Visiere hoch, um sich Auge in Auge anblicken zu können, und dann warfen sie ihre eisernen Fehde-Handschuhe fort und gaben sich ihre entblößten Hände zum Zeichen, daß sie keine Waffen mehr gegeneinander trugen – weder in den Händen noch im Herzen. Ich habe es erleben dürfen, daß Menschen nicht erst nach der Kommunion am Leib und Blut Christi von körperlichen Krankheiten und Behinderungen geheilt worden sind, sondern bereits beim Empfang und der Weitergabe des Friedensgrußes. Eine Frau, die seit zwanzig Jahren einen gelähmten Arm gehabt hat, und der kein Arzt helfen konnte, ist beim Friedensgruß auf jemand zugegangen, mit dem sie genauso lange zerstritten war – und konnte den steifen Arm wieder bewegen.

Solche Heilungen könnten viel öfter geschehen, wenn wir die heilige Eucharistie als das feiern würden, was sie ist: die Hingabe des Lebens unseres Gottes, damit wir in ihm das Leben haben, und das Leben in Fülle haben. Wenn wir mit jener Hingabe Eucharistie feiern, mit der Jesus sein Leben hingegeben hat für uns, dann werden wir heil werden. Und dann können wir dieses Heil und diesen Frieden, die von ihm kommen, weitertragen zu den anderen Menschen.

Die Kirchenväter sagen, die Eucharistie ist das Sakrament der Heilung. Allerdings meinen sie damit: der Heilung zum ewigen Leben durch die Erlösung von Sünde und Tod. Das geschieht jedesmal, wenn wir Eucharistie feiern, auch heute! Das ist unsere eigentliche Heilung bei jeder Feier der Eucharistie – und natürlich bei jeder Feier der anderen Sakramente, vor allem dem Sakrament der Versöhnung, also der Beichte. Es ist eine Heilung, die wir notwendig brauchen, um evangelisieren zu können: die Frohe Botschaft in Freude weiterzutragen durch unser Leben. Körperliche Heilungen bei der Feier der Sakramente sind zwar Gaben des Erbarmens unseres Gottes. Aber genau genommen sind sie Zugaben, sichtbarer und spürbarer Ausdruck der eigentlichen Gabe unserer Heilung zum ewigen Leben.

Wir brauchen diese sichtbaren Zeichen des unsichtbaren Heiles – ich meine sowohl die Feier der Sakramente als auch die dabei geschehenden körperlichen und seelischen Heilungen – um unserem Unglauben zum Glauben zu verhelfen. *„Herr, ich glaube, hilf meinem Unglauben“* (Mk 9,34), sagt der Vater eines Knaben, den Jesus von einem bösen Geist befreit. Dazu brauchen wir die Heilungen als sichtbare Zeichen der Vollmacht Jesu: daß er wahrhaftig der Sohn Gottes ist.

Als junger Gelehrter hatte der heilige Augustinus behauptet, sichtbare Heilungen als Zeichen des unsichtbaren Heils hätte nur die Urkirche zu ihrer Glaubwürdigkeit gebraucht. (Diese Meinung kann man bis heute im Lexikon *„Religion in Geschichte und Gegenwart“* nachlesen!) Als der erfahrene Seelsorger und Bischof aber schreibt Augustinus drei Jahre vor seinem Tod im Buch der *„Widerrufungen“*, Heilungen als Zeichen der Vollmacht Gottes seien unbedingt notwendig zur Stärkung unseres Glaubens an den Sohn Gottes: *„Alles kann, wer glaubt!“*, hatte Jesus zum Vater des besessenen Kindes gesagt.

An solchen Erfahrungen jenes großen Heiligen und Kirchenlehrers, wie der heilige Augustinus es ist, können wir mit aller Deutlichkeit ablesen: Es gibt keine Evangelisation ohne Heilung: ohne Erlösung von dem Bösen, ohne Versöhnung und inneren Frieden. Wie sagt die kleine heilige Therese, die nun endlich zu jener großen Kirchenlehrerin ernannt worden ist, die sie schon immer war: „Gib dein Herz Jesus! Gib es ihm ganz! Jesus braucht unsere Liebe!" Das ist Heilung als Grundlage jeder Evangelisation.

Damit kommen wir zum zweiten Teil dieser Arbeit: Was heißt eigentlich „Evangelisation"? Wir hatten gesagt: Evangelisation ist die Weitergabe der Frohen Botschaft durch unser ganzes Leben. Vor allem durch die Lebensfreude! Wir hatten auch gesagt, Evangelisation geschieht durch das Sichtbarwerden des unsichtbaren Heils in der Art, wie wir gemeinsam leben. Und wir hatten betont, Evangelisation setzt Heilung voraus: Nicht irgendeine Form der Heilung, sondern Heilung durch die Eucharistie. *„Die Feier der Eucharistie ist Quelle und Höhepunkt jeder Evangelisation"*, wie das Zweite Vatikanische Konzil sagt.

Den Zusammenhang von Heilung und Evangelisation erkennen wir besonders deutlich bei Matthäus 9,23: *„Jesus verkündete das Evangelium vom Reich Gottes und heilte alle Krankheiten und Leiden. Als er die vielen Menschen sah, hatte er Mitleid mit ihnen, denn sie waren müde und erschöpft wie Schafe ohne Hirten."* Der Schlüssel, sowohl zu Heilung als auch zu Evangelisation, ist also das *Mitleid* Jesu. Darum ist Gott Mensch geworden, um mit uns Menschen zu leiden! Er wollte uns nicht in dem Chaos der Sünde und des Unheils belassen, das wir selber angerichtet haben. Vor allem nicht in der Gottlosigkeit des Unglaubens. Darum ist er gekommen, uns zu erlösen und zu heilen und uns zu Gott zu führen: Zu dem Gott, der er selber ist: *„Wer mich sieht, sieht den Vater“* (Joh 14,9). Das ist ein ganz entscheidender Satz, um richtig zu verstehen, was Mitleid bedeutet, genauer gesagt: christliches Mitleid – und auch, was Evangelisation heißt aus diesem christlichen Mitleid heraus: Jesus hat nichts getan ohne den Willen des Vaters. *„Es ist meine Speise, den Willen dessen zu tun, der mich gesandt hat, und sein Werk zu vollenden“* (Joh 4,34).

Das Mitleiden Jesu kommt also nicht von ihm selbst. Es ist weder seine Initiative noch sein Gefühl. Er leidet mit den Menschen in der Einheit mit dem Vater. Jesu Mitleid ist das Werk des Heiligen Geistes, nicht sein eigenes! Durch sein Mitleiden will Jesus die Menschen nicht für sich haben und sie nicht beherrschen. Er will sie nicht abhängig machen von sich, sie nicht einmal „gewinnen“. Er will ihnen dienen, indem er sie zum Vater führt: zur Herrlichkeit Gottes. Darum verkündet er ihnen das Reich Gottes: Ein Reich, das nicht irgendwann und irgendwo existiert, sondern das hier und jetzt gegenwärtig ist. Das Reich Gottes offenbart sich im Sohn Gottes – und in den Heilungen der Menschen. Prediger gab es damals viele – genau wie heute. Heiler gab es damals auch viele – genau wie heute. Aber es gab nur einen, der sein Leben hingab. Die Hingabe seines Lebens war Zeugnis für die Wahrheit dessen, was er sagte und was er tat. Für Jesus bilden Heilung und Evangelisation eine absolute Einheit, für die er einsteht mit seinem Leben: dem Leben Gottes in der Gestalt eines Menschen. Diese Einheit von Gott und Mensch, von Heilung und Verkündigung durch sein Leben und seinen Tod ist das Einzigartige an Jesus.

Es geht also bei Evangelisation nicht um diese oder jene Gabe, die mich vor den Menschen als etwas Besonderes ausweist. Sondern es geht um die Hingabe als Dienst an den Geringsten. Darum ist Mitleid auch keine eigene

Initiative, die mir der andere danken soll. Wahres Mitleid ist eine Gabe Gottes. Es ist die Hingabe meines Lebens aus der Kraft des Heiligen Geistes. Und darum werde ich nicht fragen: Was bringt mir das? Danken mir die Leute das gebührend? Sondern ich werde danken, daß ich mein Leben hingeben darf in der Weitergabe der Frohen Botschaft an jene Armen, die noch nie etwas davon gehört haben. Solche Schafe ohne Hirten gibt es rund um uns herum immer mehr! Wir brauchen nur die Augen aufzumachen – die Augen des Herzens! Dann werden wir getrost den Rat von Mutter Teresa befolgen: *„Ihr braucht nicht alle nach Kalkutta zu gehen. Euer Kalkutta ist dort, wo euch der Herr hingestellt hat"*.

Das Matthäus-Evangelium sagt weiter, aus diesem *Mitleid* Jesu mit den Menschen, die *„müde und erschöpft sind und wie Schafe ohne Hirten"*, ist ihm die Verkündigung der Frohen Botschaft besonders ernst. *Denn die Frohe Botschaft selbst ist die eigentliche Heilung!* Durch das Wort Gottes, das Fleisch geworden ist in der Person des Heilands, werden die Menschen heil!

Wie das Mitleid Jesu nicht seine Initiative ist, sind auch Heilung und Evangelisation nicht unsere eigene Initiative. Wir können uns nicht selber heilen und senden, wir können uns immer nur heilen und senden lassen. Jesus sagt zu den Jüngern: *„Die Ernte ist groß, aber es gibt nur wenige Arbeiter.* Bittet also den Herrn der Ernte, *Arbeiter in seine Ernte zu schicken"* (Mt 9,22f). Evangelisation steht und fällt mit unserem inständigen Gebet zum *„Herrn der Ernte"*. Denn er wird die Arbeiter senden nach *seinem* Plan, das heißt nach seiner Kenntnis und seiner Liebe.

Hier verstehen wir besser, warum das Konzil sagt: *„Die Feier der Eucharistie ist Quelle und Höhepunkt der Evangelisation."* Denn die Feier der Eucharistie bedeutet immer neu die Hingabe Jesu an seinen Vater und an alle Menschen – und unsere Hingabe mit ihm. Nicht wir bestimmen, was Evangelisation ist, wer sie „machen“ soll und wie das von statten geht! Pastoralprogramme, Rhetorikkurse, Kommunikationstraining und sonst noch jede Menge Papier gibt es in der Kirche genug. Aber die Menschen wollen von der Kirche kein Papier! Die Menschen wollen Brot, und zwar das Brot des Lebens! Wenn wir mit Jesus zusammen Brot des Lebens werden für den Hunger der Welt, wenn wir nicht Papiere verteilen und Methoden einüben, um unser Leben zu retten, sondern unser Leben hingeben zum Heil der Welt, dann bringt die Frohe Botschaft neues Leben – auch dort, wo es dieses Leben noch nicht gab.

Der Apostel Paulus schreibt an die junge Christengemeinde in Korinth: *„Denkt an eure Berufung, Brüder! ... das Törichte in der Welt hat Gott erwählt, um die Weisen zuschanden zu machen, und das Schwache in der Welt hat Gott erwählt, um das Starke zuschanden zu machen. Und das Niedrige in der Welt und das Verachtete hat Gott erwählt: Das, was nichts ist, um das, was etwas ist, zu vernichten, damit kein Mensch sich rühmt vor Gott ... Wer sich also rühmen will, ... der rühme sich des Herrn“* (1 Kor 1,26–31).

Es geht also nicht um unser Wissen und Können. Ich kann nicht sagen, ich tauge leider nicht zur Evangelisation, weil ich nicht studiert habe. Es geht auch nicht um unsere Stärke: Um das, was *ich* mir zutraue und was nicht. Es geht auch nicht um unser Ansehen und unsere Stellung in Kirche und Gesellschaft. Unsere Berufung besteht darin, uns des Herrn zu rühmen! Nicht zu fragen, ob *ich* das kann und ob *ich* das gut machen werde und ob *ich* das gut gemacht habe. Sondern den Herrn zu rühmen, daß er es gut machen wird, weil er es gut gemacht hat! Wenn er mich beruft trotz allem, was ich nicht weiß und nicht kann und was ich immer wieder ungeschickt und falsch mache – dann soll er mich berufen! Wenn er andere besser brauchen kann als mich – dann soll er die anderen brauchen! Aber *eine* Aufgabe für mich wird er sicher haben, wenn auch vielleicht nicht immer die, die ich mir ausgedacht habe. Soweit ich bereit bin, meine Pläne und Vorstellungen aufzugeben und mein Leben hinzugeben, wird er mich brauchen können, um seine Frohe Botschaft durch mich weiterzugeben, wie er will, genauer gesagt, nach dem Willen und zum Lob seines Vaters im Himmel.

Eine Journalistin hat mich gefragt, warum der Herr gerade mich ausgewählt hat, auf den fünf Kontinenten herumzureisen, um die Frohe Botschaft des Herrn zu verkünden, daß es ohne Heilung keine Evangelisation geben kann und ohne Evangelisation keine Heilung. Die Antwort auf diese Frage war einfach: „Das müssen Sie nicht mich fragen, sondern ihn. Das ist schließlich nicht mein Problem, sondern seines!"

Es war und ist tatsächlich seines – und nicht meines! Als Kind war ich so schüchtern, daß ich immer verschwunden bin, wenn die Onkel und Tanten zu Besuch kamen, damit ich nicht brav „Guten Tag" sagen mußte, wie sich das für die Kinder gehört. Ich war auch bis zum Tag vor meiner Primiz nicht sicher, ob ich zum Priester geweiht werden könne, weil ich nicht verstanden habe, wie man die heilige Messe feiert. „Was mache ich, wenn ich stecken bleibe?", fragte ich den Mitbruder, der mir das beigebracht hat. „Dann machst du, was du willst". Schließlich ist es nicht deine Eucharistie, sondern seine!" Dieser Satz begleitet mich seit dreißig Priester-Jahren Tag für Tag: Es ist nicht meine Eucharistiefeier, sondern deine. Und darum ist es auch nicht meine Evangelisation, sondern deine!

Es gibt noch ein Wort, das mir nicht aus dem Kopf geht. Ich kam von einer Vortragsreise in der DDR und hatte anschließend noch ein Seminar mit hundert Teilnehmern in Westdeutschland. Unmittelbar vor dem Abschlußgottesdienst saß ich in meinem Zimmer auf der Bettkante und sagte: „Herr, ich kann nicht mehr." Da Gott ja ein lieber Gott ist, hoffte ich, daß er mir antworten würde: „Wenn du müde bist, leg dich hin und schlaf." Aber das hat er nicht getan. Er sagte: „Gottesdienst ist nicht dein Dienst an mir, sondern mein Dienst an euch. Steh auf und geh!" Von diesem Augenblick an lief alles wie von selbst. Bei diesem Gottesdienst erlebte ich zum ersten Mal die Heilung eines Krebsleidens im Endstadium. Wie sagt die kleine heilige Therese? „Jesus hat eine so unbegreifliche Liebe zu uns, daß er will, wir sollen mit ihm teilhaben am Heil der Menschen … Er bedient sich der schwächsten Werkzeuge, um Wunder zu wirken."